杨氏太极拳103式

传统杨氏太极拳系列丛书

杨斌 杨雅娴 著

山西出版传媒集团
山西人民出版社

图书在版编目（CIP）数据

杨氏太极拳 103 式 / 杨斌，杨雅娴著 . -- 太原 : 山西人民出版社 , 2025. 7. --ISBN 978-7-203-13925-6

Ⅰ . G852.111.9

中国国家版本馆 CIP 数据核字第 2025EF9949 号

杨氏太极拳 103 式

著　　者：杨　斌　杨雅娴
责任编辑：樊　中
复　　审：李　鑫
终　　审：梁晋华
装帧设计：陈　婷

出 版 者：山西出版传媒集团・山西人民出版社
地　　址：太原市建设南路 21 号
邮　　编：030012
发行营销：0351-4922220　4955996　4956039　4922127（传真）
天猫官网：https://sxrmcbs.tmall.com　电话：0351-4922159
E – mail：sxskcb@163.com　发行部
　　　　　sxskcb@126.com　总编室
网　　址：www.sxskcb.com

经 销 者：山西出版传媒集团・山西人民出版社
承 印 厂：山西万佳印业有限公司

开　　本：890mm × 1240mm　1/32
印　　张：13.75
字　　数：268 千字
版　　次：2025 年 7 月　第 1 版
印　　次：2025 年 7 月　第 1 次印刷
书　　号：ISBN 978-7-203-13925-6
定　　价：96.00 元

楊氏嫡宗
正脈承傳
楊振鐸
己未夏

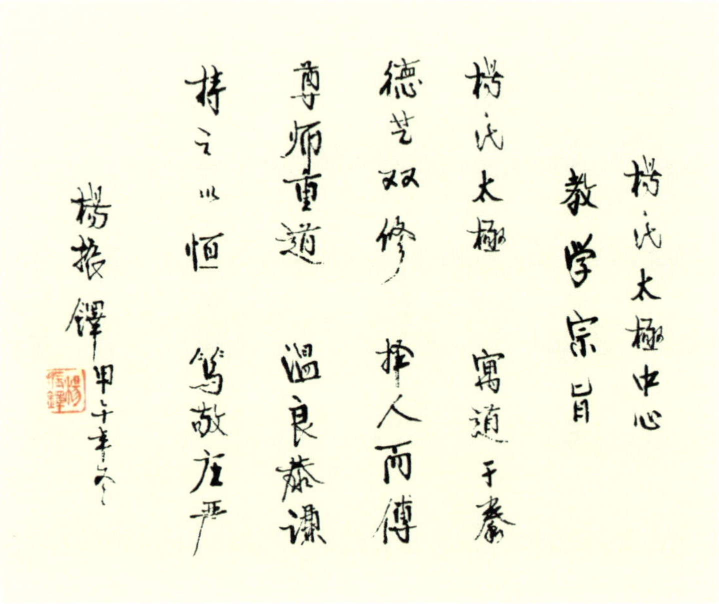
杨氏太极中心
教学宗旨
杨氏太极 寓道于拳
德艺双修 择人而传
尊师重道 温良恭谦
持之以恒 笃敬庄严
杨振铎
甲午年冬

杨氏太极拳创始人

杨禄禅（1799 年—1872 年）

第二代宗师

杨健侯（1839 年—1917 年）

第三代宗师

杨澄甫（1883 年—1936 年）

第四代宗师

杨振铎（1926 年—2020 年）

第五代嫡传

杨斌（1972 年— ）

序

杨氏太极，寓道于拳。作为传承人，就当尊师重道，德艺双修中获得精髓，在持之以恒、笃敬庄严中悟得真谛。

杨斌是我的次孙，少年从我习拳，随我在国内外各地授拳，讲学二十多年，2009 年他成立专业教学机构，专职从事传统杨氏太极传承工作。

社会人文环境在发展，传统杨氏太极拳的教学要适应，我对此持续特别关注。杨斌在近十年的躬身施教过程中，其教学模式与时俱进，其讲学教材初具“大道至简”的境界，我很欣慰。最近，我看了杨斌在《传统杨氏太极拳释义》（教材）基础上编著的《传统杨氏太极拳》底稿，感到传统杨氏太极拳正脉承传的“根基牢固”，我为杨斌几十年如一日初心不变，文武有成，感到很欣慰，希望他有更多的作品奉献给读者，此为序。

杨振铎

2018 年 1 月

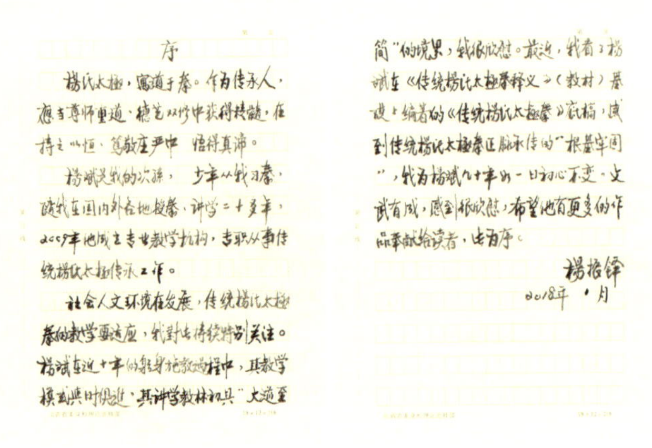

序

杨氏太极，寓道于拳。作为传承人，应当尊师重道，德艺双修中获得精髓，在持之以恒、笃敬庄严中悟得真谛。

杨斌是我的次孙，少年从我习拳，随我在国内外各地授拳、讲学二十多年，2009年他成立专业教学机构，专职从事传统杨氏太极传承工作。

社会人文环境在发展，传统杨氏太极拳的教学要适应，我对此传统特别关注。杨斌在近十年的躬身施教过程中，其教学模式与时俱进，其讲学教材亦具"大道至简"的境界，我很欣慰。最近，我看了杨斌在《传统杨氏太极拳释义》（教材）基础上编著的《传统杨氏太极拳》底稿，感到传统杨氏太极拳正脉承传的"根基牢固"，我为杨斌几十年如一日初心不变、文武有成，感到很欣慰，希望他有更多的作品奉献给读者，此为序。

楊振鐸

2018年1月

杨振铎先生是我的师父，亦是祖父。他曾亲手为我写的《传统杨氏太极拳》一书题序。在我写现在这本书时，家祖已经仙逝。本书沿用他当年的《序》，原因有三：

第一，家祖在世时对杨氏太极拳的持续发展一事特别关注，我不敢忘却，提笔时刻考虑传统与时代相结合的需求，如今发表，以这种形式算作汇报。

第二，杨氏太极拳能流传至今，是代代相传的心血结晶，我承接了先辈遗留的精华，在此基础上融入自己的观点，以家祖手稿为序，实现"传承"二字的具象化。

第三，家祖在《序》中所言："初心不变，希望有更多作品奉献给读者"，与我本次出版的意义相合。我将带着这份希冀走下去，把拳传好，无愧先祖，无愧我心，无愧读者。

特此沿用前序，致敬。

杨斌

传统杨氏太极拳基础理论

太极拳是中华武术宝库中的一项传统优秀拳种。其理论基础是中国古代的太极、阴阳学说。王宗岳的《太极拳论》开宗明义："太极者，无极而生，动静之机，阴阳之母也。动之则分，静之则合。"讲的就是太极拳的阴阳对立、阴阳转化、阴阳统一等辩证关系。太极拳既能技击，又有健身和修身养性的作用。

一、我们首先应该了解并建立自身外形的阴阳构架，上下、左右、前后，其方法在于放松

对松的理解，就外形来说，是全身的骨骼、肌肉、关节、韧带、筋膜有意识拔开、引长。

就身体而言，头正颈直，下颚略收使颈部提起，敛臀使尾椎落下。保持颈椎、尾椎相对，脊柱上下对拔拉开，立身中正不偏。

手分左右，不论手法位置如何变化，都应在左右相反方向各自适度引长，以形成对拔。但不影响立身中正不偏。

腿亦分左右，是全身的基础。重心位置不论前后、左右如何变化，两足落地时要形成稳定支撑，但需注意支撑

均衡，以免影响立身。重心最终是落在脚下，应选择整个脚掌前后、左右相对均衡处为着力点。

然后将身体的上下对拔，手的左右对拔，腿的左右对撑和重心的平衡，有意识地与腰联系起来，在各自平衡的基础上建立起统一的具备阴阳的整体构架。

二、太极拳是有意识的运动

在我们建立起整体构架后还需要建立内外的统一，也就是说我们的攻防意识要和形体变换结合起来。意识与腰结合，腰与四肢结合。

招式的变化不外乎开合、蓄发。如果开为阳，合就为阴；蓄为阴，发就为阳。但阴阳的转化是在建立起来的整体构架上来完成的。在动作转换过程中每一个细微的调整及变化都是在我们的意识控制下来完成的。

三、太极拳是有氧运动，和气是有紧密联系的

我们对气的理解是分两层含义的，一是先天元气，二是后天呼吸。在太极拳的练习过程中，要求后天呼吸保持顺畅、深长，以使得先天之气稳稳地沉在丹田得以运转和养护。这一点如何才能做到？需要我们在演练太极拳时，身体外形各部分均需遵守相应的要领及放松意识才可以。简而言之，必须做到心静、意坚、体松、气沉。

四、对太极拳术“十要”的理解

习练传统杨氏太极拳时，除了阴阳整体构架的建立，我们还需遵循传统杨氏太极拳术的“十要”。

1. 虚灵顶劲

虚灵顶劲在整个太极拳术“十要”中属纲领性之要领，全身精、气、神之所在。需要做到头正、颈直、不偏不倚、经络顺、气血畅，能起到将心意与全身之构架提起的作用。

实，容易出现强项；空，容易出现松懈；虚，是指有向上领起的意识。要做到虚灵顶劲，应保持脚下抓、踏地的状态，由脚下节节向上顶起，保持向上意识的同时，再一节一节松沉到脚下。既有向上的领，又有向下的沉，形成上与下对应的基本关系。做到上轻下沉，就能很好地体会虚灵顶劲这一要领。可以理解为身体构架竖向的一个基本关系，以竖为轴带动全身。

2. 含胸拔背

含胸拔背,胸不挺也不塌,居其中即是含。背与胸相对应，故分前、后，可理解为纵，能含胸自然能够拔背。身体构架的前与后为一对阴阳关系，应与上下搭建。阴阳应处于平衡状态，也可以把阴阳的平衡理解为“中”的状态。前与后之间，守中；上与下之间，守中；在前后与上下之间，即纵与竖之间也需要形成平衡关系，守中。

3. 松腰

松腰，腰唯有在松的状态才可以转动灵活带动四肢，使得两足落地稳固，形成全身之主宰，即腰椎自然生理位置，好似日常落座，将坐而未坐下时的状态或盘膝而坐时的状态。

松腰的目的是为了转换灵活，转换灵活的前提是身正。保持身正的前提是守中。如何守中，需开胯、圆裆左右均衡，落胯、敛臀前后均衡，纵、横搭建不偏方可以守中。

4. 分虚实

分虚实，虚实即阴阳，太极要义，无所不包。其中包含意识中的虚实转换与身法、手法、步法中虚实的变化，以及所形成劲力的虚实转换。能分虚实，方能转换灵活，体现在内在的意识以及外在的构架中，还有方位的上下、左右和前后。

5. 沉肩坠肘

沉肩坠肘，两肩需沉下、松开，左右均衡，不使气息上行，造成呼吸不畅。沉肩的前提是坠肘，肘不能坠则肩不能沉，无论手法如何变化，开合、旋转、屈伸皆需做到肘部有对拔下坠之意，且不宜过度，否则先天之气亦不能沉。

肩、肘分左右，连之为横，属于手臂，应与身相连。沉与坠的向下与虚灵顶劲的向上之意相呼应。肩之横与身之竖，以及纵相呼应。可见虚灵顶劲、沉肩坠肘与含胸拔背分别代表竖、横、纵，也就是上下、左右与前后的关系。在守中原则下，共同构建约束手法、身法及要领，并形成平衡统一，就符合了沉肩坠肘以及要领之间相互的结合。

6. 何谓用意不用力

用意不用力，意者心意也，意动则气至形则相随。太极重意,在内不在外。不在局部用力而求整体成势,体松气沉，势变阴阳而聚能量，劲也。不用力则身体柔顺，气息沉着。显力则会表现在局部，气息不稳，迟滞而不顺遂难以成势。故以心行气，务令沉着；以气运身，务令顺遂；重意不重形，求整体而不在力。

所谓太极拳为内家拳术，心意为先。腰身、肢体随着意识而动，思想和行为相统一。通过要领有意识的约束，形成手与身、身与步、步与意之间的统一结合，自然而然形成势能，获得整体劲。前辈总结：有意放松，无意成刚。

7. 上下相随

上者手法，下者步法，皆随于腰。意到形随，步随身换，身到手到、力到，身随步走，力由地借。“其根在脚，发于腿，主宰于腰，形于手指，需完整一气。”此劲力表达之线路，势式如此。

并非手与步直接去做结合，是通过腰身引领，使步法与手法协调一致，结合紧密。腰身为主，上下相随。

8. 内外相合

意者，与心相通。心所想，神往之，形必随之。开合、蓄发、屈伸转换之间，气和劲力必相随，势成则浑然无间。

心意、气息相通属于内，腰身、手脚相连属于外。内为君主，外为驱使。故心意带动气息，气息催动腰身，腰身统领上下。神为主帅，身为驱使。

9. 相连不断

意不可断，形不可断，劲不可断，阴阳转换不可断。就套路而言，此势之发即是彼势之蓄，蓄即是发，发也是蓄，循环往复。古拳论谓“如长江大河，滔滔不绝”“运劲如抽丝”皆言其贯穿一气之理。

10. 动中求静

动静机也，视为根本。所谓四两拨千斤，皆是对平衡的理解。静能松沉则明，动以合顺为理。我之动静，彼之动静皆归于太极，自然之理。总而言之，守不变而变就是太极拳的练习方法。

五、太极拳的学习过程：古拳论曰“由招熟而渐悟懂劲，由懂劲而阶及神明”

1. 招熟

简单的理解即招式熟悉。将整个套路拆分为单式，在单式中找到各自阴阳变化的节点与线路，其中包括手法、身法、步法、眼法。再将各自的阴阳转换结合为整体，表现出统一的阴阳变化规律。同时能在式子当中清晰地表达太极拳的掤、捋、挤、按、采、挒、肘、靠，并能把式子与式子之间按阴阳变化的规律连在一起，形成相连不断的演练套路。两人对练时，不论定步、活步、单臂、双臂、合臂、分臂推手及散手皆有固定招式。套路演练和两人对练都应属于招熟的范畴。

2. 懂劲

“其根在脚，发于腿，主宰于腰，而形于手指”这是力量产生和发放的次序，上下、前后、左右、开合、蓄发是相同一理。先求知己，通过对练再能知彼，将太极之掤、捋、挤、按、采、挒、肘、靠等技法在符合阴阳转换的基础上熟练地运用视为懂劲。

3. 神明

明阴阳变化之理，懂平衡之道，于己于人，于内于外，于意于形皆能相合守之。“人不知我，我独知人”可谓神明。

六、太极拳的练习方法

1. 由松入柔

对松的理解可分两个层面考虑，一是意识，二是肢体。意识上放松并非空洞，而是专注，所谓练时无敌当有敌。唯有凝神方可静气，进入松的状态。肢体的放松并非放软，而是通过全身的骨骼、肌肉、关节、韧带、筋膜有意识拔开、引长，获得相应的张力和贯穿感。太极拳手法的左右对拔以及身法的上下对拉和步法的对撑，通过放松的方法联系在一起，并找到其三者的平衡与协调关系，使得三者相互联系相互支持的状态逐渐形成柔韧。

2. 运柔成刚

通过手臂的屈伸、开合，腰部的左右、前后的带动，以及重心的左右、前后、上下的变化，把握合理的时机完成阴阳的转换，形成势能。

3. 刚柔相济

己之劲力，彼之劲力皆为我用之劲力，合而为太极。体悟观察便能得机得势，方能以柔克刚、以柔制柔、以刚克柔、以刚制刚。刚柔相济，循环不断。

七、太极拳练习之手法

1. 掌

掌宜微伸，指宜微屈，指缝稍离，拇指自然外撇。从类型大致可分为坐腕立掌形及直伸形掌形，坐腕立掌形又可分为正坐、侧坐和平坐，多用于推按。侧坐多含有击打之意。平坐多用于掤化。直伸形掌形手腕没有动作直接伸开，包括垂掌、仰掌、俯掌。

2. 拳

屈回四指，拇指扣于食指外沿，保持拳面平整。大致可分直伸与坐拳，按击打点描述可使用拳面、拳背和食指第三关节处。

3. 吊手

手腕部垂下，以拇指为中心拢住，指尖向下。

八、太极拳练习之身法

古拳论曰“立如枰准，活似车轮”。立身中正不偏是前辈对身法的描述。步法的变换及手法的带动同样也离不开身法，身法变换以腰身带动，可左右、前后、上下，形成平、立、斜三个圆形，唯独要求尾闾中正不偏。传统拳当中多数式子，身法是略带前倾的，目的是根据步法变化不同使腰部能得以放松，劲力发放畅达。

九、太极拳练习之步法

太极拳的基本步法多是丁八步，两脚一斜一正。也有的步法是两脚平行。

1. 弓步

两脚外沿大致与肩同宽称为弓步，前曲后直，前脚为正，膝要垂直，后脚为斜，腿宜伸开，两膝无论曲直均应和足尖保持一致方向。重心多保持在前脚掌，五指能附着地面，所谓脚踩涌泉。

2. 虚实步

与弓步要求大致相同，形状为前直后曲，前正后斜，前脚可脚跟着地、脚掌着地亦可踩平，均称虚实步。两脚之间宽度比弓步要窄。

3. 直立步

两脚外沿大致与肩平行同宽，两脚尖向前，重心位置与前者相同。

4. 马步

两脚外沿平行比肩略宽，两脚尖向前，重心位置与前者相同。

5. 独立步

单腿支撑步形，可正可斜，重心应偏重脚掌，五指附着于地面。

6. 仆步

前正后斜，前直后曲，后侧脚向外侧打开大约 45 度。重心位置与弓步相同。

7. 过渡步

在套路中根据具体变化再行描述。

十、太极拳练习的手法、身法与步法的关系

在太极拳练习中应该身法带动步法与手法，三者在练习中是相互支持又相互制约的关系。变换步法时，身法会影响步法的落点及手法的变化线路。两脚落地后，步法又会影响身法及手法位置。手法表现未随身而动，就会影响身法及步法位置，习练时要细心体会三者的联系。

目　录

前言……………………………………………………………1

杨氏太极拳 103 式

一、预备式………………………………………………………3
二、起势…………………………………………………………4
三、揽雀尾………………………………………………………5
四、单鞭…………………………………………………………17
五、提手上势……………………………………………………22
六、白鹤亮翅……………………………………………………25
七、左搂膝拗步…………………………………………………28
八、手挥琵琶……………………………………………………32
九、左搂膝拗步…………………………………………………34
十、右搂膝拗步…………………………………………………37
十一、左搂膝拗步………………………………………………42
十二、手挥琵琶…………………………………………………47
十三、左搂膝拗步………………………………………………50
十四、进步搬拦捶………………………………………………53
十五、如封似闭…………………………………………………60

十六、十字手……64
十七、抱虎归山……67
十八、肘底捶……74
十九、右倒攆猴……79
二十、左倒攆猴……81
二十一、右倒攆猴……84
二十二、斜飞式……87
二十三、提手上势……89
二十四、白鹤亮翅……92
二十五、左搂膝拗步……95
二十六、海底针……99
二十七、扇通臂……102
二十八、转身撇身捶……104
二十九、进步搬拦捶……107
三十、上步揽雀尾……111
三十一、单鞭……121
三十二、左右云手（之一）……125
三十三、左右云手（之二）……128
三十四、左右云手（之三）……131
三十五、单鞭……134
三十六、高探马……136
三十七、右分脚……138
三十八、左分脚……143

三十九、转身左蹬脚……………………………………………149
四十、左搂膝拗步……………………………………………152
四十一、右搂膝拗步…………………………………………156
四十二、进步栽捶……………………………………………161
四十三、转身撇身捶…………………………………………167
四十四、进步搬拦捶…………………………………………171
四十五、右蹬脚………………………………………………177
四十六、左打虎势……………………………………………181
四十七、右打虎势……………………………………………184
四十八、回身右蹬脚…………………………………………186
四十九、双峰贯耳……………………………………………189
五十、左蹬脚…………………………………………………193
五十一、转身右蹬脚…………………………………………196
五十二、进步搬拦捶…………………………………………199
五十三、如封似闭……………………………………………202
五十四、十字手………………………………………………206
五十五、抱虎归山……………………………………………209
五十六、斜单鞭………………………………………………216
五十七、右野马分鬃…………………………………………220
五十八、左野马分鬃…………………………………………223
五十九、右野马分鬃…………………………………………226
六十、揽雀尾…………………………………………………229
六十一、单鞭…………………………………………………242

六十二、玉女穿梭……247
六十三、揽雀尾……264
六十四、单鞭……278
六十五、左右云手（之一）……283
六十六、左右云手（之二）……286
六十七、左右云手（之三）……289
六十八、单鞭……292
六十九、下势……294
七十、右金鸡独立……296
七十一、左金鸡独立……298
七十二、右倒撵猴……300
七十三、左倒撵猴……302
七十四、右倒撵猴……305
七十五、斜飞式……307
七十六、提手上势……309
七十七、白鹤亮翅……311
七十八、左搂膝拗步……313
七十九、海底针……317
八十、扇通臂……320
八十一、转身白蛇吐信……322
八十二、进步搬拦捶……325
八十三、上步揽雀尾……329
八十四、单鞭……339

八十五、左右云手（之一）……………………………………343
八十六、左右云手（之二）……………………………………346
八十七、左右云手（之三）……………………………………349
八十八、单鞭……………………………………………………352
八十九、高探马穿掌……………………………………………354
九十、十字腿……………………………………………………358
九十一、进步指裆捶……………………………………………360
九十二、上步揽雀尾……………………………………………365
九十三、单鞭……………………………………………………375
九十四、下势……………………………………………………379
九十五、上步七星………………………………………………381
九十六、退步跨虎………………………………………………383
九十七、转身摆莲………………………………………………385
九十八、弯弓射虎………………………………………………392
九十九、进步搬拦捶……………………………………………395
一百、如封似闭…………………………………………………400
一百零一、十字手………………………………………………404
一百零二、收势…………………………………………………407
一百零三、还原…………………………………………………408

后记………………………………………………………………409

前 言

“太极十年不出门”，是多数习练传统杨氏太极拳者谈论的话题。的确，学习太极拳从“心悟”到“体悟”需要过程。笔者认为，在太极拳理论日臻成熟的今天，对传统杨氏太极拳拳谱的理解，是影响学习者获得真传程度的“要穴”，只要在正确理论指导下，坚持科学的习练方法，就可以事半功倍，早日登上传统杨氏太极拳的“大雅之堂”。

笔者出生于传统武术世家，幸受祖辈武学倾囊相授，得传统杨氏太极拳之要义，遵吾祖父当代宗师杨振铎的教导，以传承国粹武术文化为己任，今将教学体会编著成文，希望读者通过阅读本书，能够在这几个方面有所收获：

1. 深刻理解太极拳的涵义及其所包含的技术内容。

2. 充分认识传统杨氏太极拳的科学性、理论性和指导性。了解建立自身外形的阴阳构架，上下、左右、前后的方法；太极拳的意识作用；太极拳作为有氧运动，与气的密切联系；对太极拳“十要”应用的理解；学习过程“由招熟而渐悟懂劲，由懂劲而阶及神明”的判断；传统杨氏太极拳的基本手法、身法、步法及其相互关系与练习方法。

3. 掌握传统杨氏太极拳的锻炼方法和动作要领、要求等。

编写此书，旨在将中华民族传统武术文化持续发扬光大的同时，让广大读者轻轻松松学太极，强身健体享盛世，进而使杨氏太极拳为人类健康事业做出应有的贡献。

杨 斌

杨氏太极拳 103 式

一、预备式

1. 分脚站立，开胯圆裆，敛臀松腰，两足踏平，与肩同宽，足尖向前，脚趾落地，形成根基。

2. 两肩松开，腋下放虚，向前拢回。两臂松垂，掌形平整，掌心向内。

3. 头容正直，下颚微收，百会上领，两眼平视，留意观察。

4. 口型自然，舌触齿根，用鼻呼吸，平顺沉着，神态自然。

5. 整体做到上下、左右、前后对应、平衡。体松、气沉、意专、心静。（图 1–1–1、图 1–1–2）

图 1–1–1

图 1–1–2

二、起势

1. 两臂内旋，由下向上、往前，平行提起，节节带动。（图 2–1–1、图 2–1–2）

图 2–1–1

图 2–1–2

2. 将近与肩平，两臂坠肘，伸十指沉下，逐渐坐两掌，按下于胯前，掌心向下，指尖朝前。目视前方。（图 2–2–1、图 2–2–2）

图 2–2–1

图 2–2–2

三、揽雀尾

左掤

1. 重心略左移，随腰向右转，带动右脚跟为轴，向外打开，（大约 45 度方向）变斜方向。两臂形不变，在胯前两侧打开，使腋下空开。头随身转，注意观察。（图 3–1）

2. 重心右移，腰向左领，屈膝下蹲，坐实右腿，左脚微离地面。同时，两臂在身前打开。右臂随腰，顺指尖方向伸出，提臂至将近与肩平。左臂落掌，掌形直伸，变掌心向后，肘尖撑出，掤在身前右侧。目视右臂前方。（图 3–2）

图 3–1

图 3–2

3. 腰向右转，带动提左腿正前方上步，（大致与肩同宽）脚跟着地支撑。同时，两臂随腰带动合回在身前中线附近。右臂在上，将近与肩平，掌心侧向下，与出步方向一致。左臂在下，屈臂呈弧形，掌心侧向上。目视出步方向。（图3-3-1、图3-3-2）

图 3-3-1

图 3-3-2

4.重心前移，腰向左转，左脚踏平，弓出左腿，完成弓步。同时，左臂随腰伸开，由下向上掤起，直伸臂形，掌心侧向内。右臂随即内侧平坐掌，下按在右胯前，对应左臂。保持上身正直，目视左前方。（图3-4-1、图3-4-2）

图3-4-1

图3-4-2

右挪

5. 重心右移，左脚掌微离地面。随腰向右转，带动左脚跟为轴，向内扣回，变斜方向。两臂保持臂形，随身而动。（图 3-5-1、图 3-5-2）

图 3-5-1

图 3-5-2

6. 重心左移，左脚踏平，腰向左转，坐实左腿，随腰带动，提右腿正前方上步（大致与肩同宽），脚跟着地支撑。同时，左臂内旋微屈，随腰打开，掌心向下，将近与肩平。右臂随腰，外旋屈臂掤回，掌心侧向上。两臂随上步相合，在身前中线附近，右臂在下。目视出步方向。（图 3–6–1、图 3–6–2）

图 3–6–1

图 3–6–2

7.重心前移,腰向右领,右脚踏平,弓出右腿,完成弓步。同时,右臂随腰带动,由下向上,屈臂掤起,在身前呈弧形,掌心侧向内,将近与肩平。左臂经右臂腕、肘之间,收回坐掌,按在右臂下方,距离约一拳。目视前方。(图3-7-1、图3-7-2)

图 3-7-1

图 3-7-2

捋

8. 重心不动，步形不变，腰向右转，带动右臂内旋，屈臂坐掌打开，掌心侧向外。左臂外旋，保持屈臂，掌形转为直伸，对应右臂腕、肘之间不变，掌心侧向内。头随身转观察。（图 3-8-1、图 3-8-2）

图 3-8-1

图 3-8-2

9. 重心回移，腰向左转，两腿保持稳定支撑，左实右虚。两臂保持相对位置不变，由右向左，由上往下，捋回左侧。左臂为开，右臂伸开为合。目视左侧前方向。（图 3-9-1、图 3-9-2）

图 3-9-1

图 3-9-2

挤

10. 重心略沉，腰向右领，带动右臂外旋，掌形直伸，屈回提臂，将近与肩平。左臂随腰内旋坐掌，以掌心贴于右小臂内侧，（离开掌跟约一寸）两臂身前相合，对应身体中线。（图 3–10–1、图 3–10–2）

图 3–10–1

图 3–10–2

11. 重心前移，腰身向前推进，右腿弓出，完成弓步。合两臂，随腰身，向前直线推送，力点与出步方向一致，目视前方。（图 3-11-1、图 3-11-2）

图 3-11-1

图 3-11-2

按

12. 重心不动，腰向右转至正前，带动两臂内旋，向前伸开，与肩同宽，两臂平行，掌心向下，直中含曲。（图 3-12-1、图 3-12-2）

图 3-12-1

图 3-12-2

13. 撤回重心，向下略沉，坐实左腿，保持支撑。同时，两臂坠肘屈臂，收回在胸前，保持平行，坐两掌，掌心朝前。（图 3-13-1、图 3-13-2）

图 3-13-1

图 3-13-2

14. 随重心前移，腰身向前推进，弓出右腿，完成弓步。两臂随腰，直线向前伸开推出，保持平行，两掌心向前。目视出掌方向。（图 3-14-1、图 3-14-2）

图 3-14-1

图 3-14-2

四、单鞭

1. 重心后移，右脚掌微离地面，左实右虚。同时，落平两掌，掌心向下。（图 4-1）

图 4-1

2. 随转腰向左带动，右腿合胯向内，以右脚跟为轴，向内侧扣回（约135度），变斜方向。同时，带动两臂在身前平环，打开。左臂向内平坐掌，由合转开，平环。右臂由开转合，平环。随后平坐两掌，向内屈回两小臂。（图4-2-1、图4-2-2）

图 4-2-1

图 4-2-2

3. 重心右移，腰向右转，踏平右脚，坐实右腿。左脚以脚掌为轴，自然摆顺。同时，随腰向右侧，平环送出两臂。左臂由开转合，平坐掌挪在胸前。右臂由合转开，送出，臂形直伸，掌心向下。目视右臂前方。（图 4–3）

图 4–3

4. 腰向左领，带动开胯配合，提左腿，左侧正前方落步，脚跟着地支撑。同时，左臂外旋，变直伸掌形，屈臂掤在胸前，掌心侧向内。右臂垂下手腕，以拇指为中心拢回五指，勾吊手，指尖向下，右臂略高。（右臂特殊，自然伸开，不宜挺直）目视出步方向。（图 4–4）

5. 重心前移，腰略向左转，带动左脚踏平。同时，左臂内旋，由合转开，在身前屈臂坐掌侧立，与出步方向一致。右臂随身而动，位置不变。（图 4–5）

图 4–4

图 4–5

6.重心继续前移，弓出左腿，完成弓步。同时，左臂伸开，由后向前，直线击出，手臂将近与肩平。右臂随身而动，位置不变。保持身法正直。目视出掌方向。（图 4–6）

图 4–6

五、提手上势

1. 重心后移，左脚掌微离地面，腰向右转至正前，带动左脚跟为轴，向内侧扣回，变斜方向。同时，随转腰带动两臂，保持臂形，平行向内合回，大致与肩同宽。目视前方。（图 5-1）

图 5–1

2. 重心左移，踏平左脚，坐实左腿，使右脚微离地面，腰身方向不变。同时，右臂坠肘屈臂，松开吊手，坐掌侧立。左臂保持坐掌，坠肘屈回。两臂在身前，平行打开，右臂略高。（图 5-2）

图 5-2

3. 腰身转向左侧，带动提右腿正前上步，脚跟着地，脚掌微离地面，形成支撑，完成虚实步形。同时，随腰带动两臂身前相合。右臂伸开，坐掌侧立，向内合回至面前，身体中线附近。左臂外旋合回，对应右臂腕、肘之间下方，掌心侧向内。目视出手前方。（图 5-3-1、图 5-3-2）

图 5-3-1

图 5-3-2

六、白鹤亮翅

1. 重心略沉，步形不变，腰向左领。同时带动两臂下行。左臂外旋，掌心向上，右臂内旋，掌心向下，走立圆下弧。（图 6–1–1、图 6–1–2）

图 6–1–1

图 6–1–2

2. 撤回重心，坐实左腿，随后腰向左转至正前，带动右脚离地，向内侧扣回，变斜方向，脚跟着地支撑。同时，右手屈臂，肘尖外撑，呈弧形掤在腹前，掌心向上。左臂内旋，由外向内，走平圆合回在腹前，右臂上方，内侧平坐掌，掌心向下。头随身转，看向前方。（图 6–2）

3. 重心右移，右脚踏平，弓出右腿，保持支撑。同时右臂逐渐内旋，经左臂外侧上行，左臂逐渐下按。（图 6–3）

图 6-2

图 6-3

4. 坐实右腿，腰身方向不变，收回左脚，正前落步，脚掌着地，脚跟微离地面，形成支撑，完成虚实步形。同时，右臂继续内旋，经面前屈臂平坐掌，掤在头部上方，掌心朝前。左臂继续坐掌下按，落于左胯旁，掌心朝下，指尖向前。落胯身略前倾。目视前方。（图 6–4–1、图 6–4–2）

图 6–4–1

图 6–4–2

七、左搂膝拗步

1. 重心略沉，步形不变，左臂坠肘外旋，屈小臂坐掌侧立，右臂外旋，臂形直伸，变掌心向内。（图 7–1）

图 7–1

2. 保持支撑，腰向右转，同时，带动右臂，环立圆弧线下行，（以肩为圆心）在下方坐掌侧立，提臂上行，环至身前右侧，将近与肩平，臂形直中含曲，掌心向外。左臂随腰走上弧，掤按在胸前，向内平坐掌，掌心向下，略高于肘。头随身转，目视右臂前方。（图 7–2）

3. 撤回重心，坐实右腿，腰向左领，提左腿正前落步，脚跟着地支撑。环好两臂，目视出步方向。（图 7–3）

图 7–2

图 7–3

4. 重心前移，左脚踏平，腰身向左转动一半，带动左臂，由内向外，由合转开，向前往外环出，至弓腿前方，臂形直伸，直中含曲，掌心向下。右臂随身而动，坠肘屈回，坐掌侧立。（图 7–4）

图 7–4

5. 重心继续前移，腰身向左转至正前，弓出左腿，完成弓步。同时，左臂坠肘，坐掌下按至左膝旁，掌心向下，指尖朝前。右臂随腰，保持掌形，直线向前击出，与弓腿方向一致。目视出掌方向。（图 7–5–1、图 7–5–2）

图 7–5–1

图 7–5–2

八、手挥琵琶

1. 重心前移，坐实左腿，腰向左领，提右腿，向内略靠，方向不变。同时，右臂随重心前移外旋，臂形直伸，掌心向内，保持将近与肩平。（图 8-1-1、图 8-1-2）

图 8-1-1

图 8-1-2

2. 重心后移，腰身向右转至侧面，右腿屈膝沉下，右脚踏平踩稳，左脚以脚掌支撑，保持稳定。同时，左臂随转腰，外旋坐掌侧立，由下向上，提起至将近与肩平，与左腿上下相对应。右臂内旋，由前向后平带，肘尖外撑屈回，掌心向下，与左臂腕、肘之间相对应。（图 8–2）

3. 坐实右腿，腰身方向不变，重心略沉。带动左脚换脚跟着地，形成支撑，左脚掌微离地面，完成虚实步形。两臂相对位置不变。目视前方。（图 8–3）

图 8–2

图 8–3

九、左搂膝拗步

1. 重心略沉，腰身向右转动，带动右臂外旋，走立圆下弧环出，在下方坐掌，环臂提起至身前右侧，将近与肩平，掌心侧向外。左臂坠肘屈回，走上弧，掤按在胸前，平坐掌，掌心朝下，略高于肘。头随身转，目视右臂前方。（图 9-1）

图 9-1

2. 坐实右腿，随腰左领，提左腿正前落步，脚跟着地支撑。（图 9–2）

图 9–2

3. 重心前移，左脚踏平，腰身向左转动一半，带动左臂，由内向外，由合转开，向前往外环出，至弓腿前方，臂形直伸，直中含曲，掌心向下。右臂随身而动，坠肘屈回，坐掌侧立。（图 9–3）

图 9–3

4. 重心继续前移，腰身向左转至正前，弓出左腿，完成弓步。同时，左臂坠肘，坐掌下按至左膝旁，掌心向下，指尖朝前。右臂随腰，保持掌形，直线向前击出，与弓腿方向一致。目视出掌方向。（图 9–4）

图 9–4

十、右搂膝拗步

1. 重心后移，带动左脚掌微离地面，保持支撑。同时，左臂向前直伸，提起，右臂相对不动。（图 10–1–1、图 10–1–2）

图 10–1–1

图 10–1–2

2. 腰向左领，带动左脚向外，以脚跟为轴打开，变为斜方向。同时，右臂略屈上行，左臂外旋屈回，左掌对应右臂腕、肘之间下方，距离约为一拳，掌心侧向上。（图10-2-1、图10-2-1）

图 10-2-1

图 10-2-2

3. 重心前移，左脚踏平，弓出左腿，保持支撑稳定。同时，左臂开始下行，右臂开始上行。（图10-3-1、图10-3-2）

图 10-3-1

图 10-3-2

4. 重心继续前移，坐实左腿，腰身向左转，带动提右腿，正前上步，脚跟着地支撑。同时，左臂环下弧，在下方侧立掌，提臂环在左侧身前，臂形直中含曲，掌心朝外。右臂上行，内侧平坐掌，掤按在胸前。目视左臂方向。（图 10-4-1、图 10-4-2）

图 10-4-1

图 10-4-2

5. 重心前移，右脚踏平，腰身向右转动一半，带动右臂，由内向外，由合转开，向前往外环出，至弓腿前方，臂形直伸，直中含曲，掌心向下。左臂随身而动，坠肘屈回，坐掌侧立。（图 10-5-1、图 10-5-2）

图 10-5-1

图 10-5-2

6. 重心继续前移，腰身向右转至正前，弓出右腿，完成弓步。同时，右臂坠肘，坐掌下按至右膝旁，掌心向下，指尖朝前。左臂随腰，保持掌形，直线向前击出，与弓腿方向一致。目视出掌方向。（图 10-6）

图 10-6

十一、左搂膝拗步

1. 重心后移，带动右脚掌微离地面，保持支撑。同时，右臂向前直伸，提起，左臂相对不动。（图 11–1）

图 11–1

2. 腰向右领，带动右脚向外，以脚跟为轴打开，变为斜方向。同时，左臂略屈上行，右臂外旋屈回，右掌对应左臂腕、肘之间下方，距离约为一拳，掌心侧向上。（图 11–2）

图 11-2

3. 重心前移，右脚踏平，弓出右腿，保持支撑稳定。同时，右臂开始下行，左臂开始上行。（图 11–3）

图 11-3

4. 重心继续前移，坐实右腿，腰身向右转，带动提左腿，正前上步，脚跟着地支撑。同时，右臂环下弧，在下方侧立掌，提臂环在右侧身前，臂形直中含曲，掌心朝外。左臂上行，内侧平坐掌，掤按在胸前。目视右臂方向。（图 11–4）

图 11–4

5. 重心前移，左脚踏平，腰身向左转动一半，带动左臂，由内向外，由合转开，向前往外环出，至弓腿前方，臂形直伸，直中含曲，掌心向下。右臂随身而动，坠肘屈回，坐掌侧立。（图 11–5）

图 11–5

6. 重心继续前移，腰身向左转至正前，弓出左腿，完成弓步。同时，左臂坠肘，坐掌下按至左膝旁，掌心向下，指尖朝前。右臂随腰，保持掌形，直线向前击出，与弓腿方向一致。目视出掌方向。（图 11–6–1、图 11–6–2）

图 11-6-1

图 11-6-2

十二、手挥琵琶

1. 重心前移，坐实左腿，腰向左领，提右腿，向内略靠，方向不变。同时，右臂随重心前移外旋，臂形直伸，掌心向内，保持将近与肩平。（图 12-1-1、图 12-1-2）

图 12-1-1

图 12-1-2

2. 重心后移，腰身向右转至侧面，右腿屈膝沉下，右脚踏平踩稳，左脚以脚掌支撑，保持稳定。同时，左臂随转腰，外旋坐掌侧立，由下向上，提起至将近与肩平，与左腿上下相对应。右臂内旋，由前向后平带，肘尖外撑屈回，掌心向下，与左臂腕、肘之间相对应。（图 12–2）

图 12–2

3. 坐实右腿，腰身方向不变，重心略沉。带动左脚换脚跟着地，形成支撑，左脚掌微离地面，完成虚实步形。两臂相对位置不变。目视前方。（图 12–3）

图 12–3

十三、左搂膝拗步

1.重心略沉，腰身向右转动，带动右臂外旋，走立圆下弧环出，在下方坐掌，环臂提起至身前右侧，将近与肩平，掌心侧向外。左臂坠肘屈回，走上弧，掤按在胸前，平坐掌，掌心朝下，略高于肘。头随身转，目视右臂前方。（图13-1）

图 13-1

2. 坐实右腿，随腰左领，提左腿正前落步，脚跟着地支撑。（图 13–2）

图 13–2

3. 重心前移，左脚踏平，腰身向左转动一半，带动左臂，由内向外，由合转开，向前往外环出，至弓腿前方，臂形直伸，直中含曲，掌心向下。右臂随身而动，坠肘屈回，坐掌侧立。（图 13–3）

图 13–3

4. 重心继续前移，腰身向左转至正前，弓出左腿，完成弓步。同时，左臂坠肘，坐掌下按至左膝旁，掌心向下，指尖朝前。右臂随腰，保持掌形，直线向前击出，与弓腿方向一致。目视出掌方向。（图 13–4–1、图 13–4–2）

图 13–4–1

图 13–4–2

十四、进步搬拦捶

1 重心后移，带动左脚掌微离地面，保持支撑。同时，左臂向前直伸，提起，右臂相对不动。（图 14–1–1、图 14–1–2）

图 14–1–1

图 14–1–2

2. 腰向左领，带动左脚向外，以脚跟为轴打开，变为斜方向。同时，右臂略屈上行，左臂外旋屈回，左掌对应右臂腕、肘之间下方，距离约为一拳，掌心侧向上，寓上意，做搬状。（图 14-2-1、图 14-2-2）

图 14-2-1

图 14-2-2

3. 重心前移，腰向左领，带动左脚踏平，弓出左腿。两臂保持臂形，随腰由上向下，由右向左走下弧，俯腕搬出，右臂保持坐掌。（图 14-3-1、图 14-3-2）

图 14-3-1

图 14-3-2

4. 重心前移，腰向左领，坐实左腿，提右腿正前落步，外侧打开，变斜方向，脚跟着地支撑。同时，两臂随腰向下往左，继续走弧形。随上步，左手坐掌侧立伸开，身前左侧提起，将近与肩平。右臂内旋，握拳屈臂提起至腹前，拳背向上，拳向内扣。目视左臂前方。（图 14-4-1、图 14-4-2）

图 14-4-1

图 14-4-2

5. 重心继续前移，腰向右转至正前，右脚踏平，屈膝弓出右腿，保持支撑。带动右臂，由合转开，由下往上，走弧形，翻腕搬出。左手坐掌，坠肘屈臂，由开转合相随，带在身前。目视前方。（图 14–5–1、图 14–5–2）

图 14–5–1

图 14–5–2

6. 重心前移，坐实右腿，转腰向右，带动提左腿，正前上步，脚跟着地支撑。同时，右臂坠肘，屈臂挎回右拳至右胯旁，拳心向上。左臂坐掌侧立，顺势推出。目视出掌方向。（图 14-6）

图 14-6

7. 重心前移，腰向左转至正前，带动左脚踏平，弓出左腿，完成弓步。同时，右臂随腰内旋，屈臂，由后向前，直线击出，拳面向前。左臂坐掌侧立，坠肘屈回相拦，呼应于右臂腕、肘之间，左臂略高。落胯，身法略带前倾。目视出拳方向。（图 14–7–1、图 14–7–2）

图 14–7–1

图 14–7–2

十五、如封似闭

1.寓前意，重心不动，腰向左领。同时，带动两臂身前相合。右臂外旋，松拳变掌直伸臂形，向中线合回，掌心向上。左臂外旋，屈臂沉下，合在右臂下方，掌心向上。（图 15-1-1、图 15-1-2）

图 15-1-1

图 15-1-2

2. 重心后移，腰向右转，右腿坐实，保持支撑。同时，两臂沿身前中线，两侧屈臂打开，掌心侧向内。右臂坠肘，经左臂腕、肘之间，屈臂收回。左臂坠肘屈回。右手对应左臂腕、肘之间。目视前方。（图 15-2）

图 15-2

3. 转正腰身，重心略沉。同时，左臂内旋收于身前坐掌。右臂内旋提起，收在身前坐掌。两掌心向前，与肩平行对应。（图 15-3-1、图 15-3-2）

图 15-3-1

图 15-3-2

4. 重心前移，催动腰身向前推进，弓出左腿，完成弓步。两臂同时伸开，直线向前推出。落胯，身略前倾。目视出掌方向。（图 15–4–1、图 15–4–2）

图 15–4–1

图 15–4–2

十六、十字手

1. 重心后移，两臂坠肘内旋略屈，呈弧形。腰身向右转，带动左脚，以脚跟为轴，向内扣回至正前。同时，带动右臂坐掌，随腰身前打开，寓上意。左臂随身而动，保持坐掌。两臂身前两侧打开。（图 16-1）

图 16-1

2. 重心左移，坐实左腿，右脚以脚掌顺势摆顺。两臂内旋，掌心向后，身前掤臂，走立圆下弧，逐渐相合。（图 16–2）

图 16–2

3. 随腰向右领，收回右脚，与左脚平行，落为马步形，大致与肩同宽。两臂在身前，下方中线相合，两腕相搭，掌心向内，指尖朝下，左臂在外。（图 16–3）

图 16–3

4. 重心右移，两脚均衡踏实。双臂相搭外旋，由下向上掤起至胸前，腕部相搭，掌形直伸，掌心侧向内，右臂在外。目视前方。（图 16–4、图 16–5）

图 16–4

图 16–5

十七、抱虎归山

1. 重心略向右，腰身向右转，带动以脚跟为轴，合胯向内扣回左脚（约 70 度方向），保持支撑。两臂形不变，随身而动掤在胸前。（图 17–1）

2. 重心左移，腰向左转，左腿坐实，右脚自然摆顺。同时，随腰带动，左臂先行，走立圆下弧，在下方坐掌，提臂环至身前左侧，掌心向外。右臂随之内旋，掤按在胸前，平坐掌，掌心向下。目视左掌方向。（图 17–2）

图 17–1

图 17–2

3. 腰向右转，带动提右腿，开胯配合，右侧前方落步，脚跟着地支撑。两臂随身而动，目视出步方向。（图 17–3）

4. 重心前移，右脚踏平，腰身向右转动一半，带动右臂，由内向外，由合转开，向前往外环出，至弓腿前方，臂形直伸，直中含曲，掌心向下。左臂随身而动，坠肘屈回，坐掌侧立。（图 17–4）

图 17–3

图 17–4

5. 重心继续前移，腰身向右转至出步方向，弓出右腿，完成弓步。同时，右臂坠肘，坐掌下按至右膝旁，掌心向下，指尖朝前。左臂随腰，保持掌形，直线向前击出，与弓腿方向一致。目视出掌方向。（图 17–5–1、图 17–5–2）

图 17–5–1

图 17–5–2

捋

6. 重心后移，左腿转实，右腿变虚，腰向左转。同时，带动右臂，屈臂坐掌提起，由后向前搭出。左臂外旋，屈臂掤回，左掌心侧向内，对应右臂腕、肘之间。目视右臂前方。（图 17–6）

7. 重心继续后移，保持支撑，腰向左领，带动两臂，捋在左侧，两臂相对位置不变。头随身转观察。（图 17–7）

图 17–6

图 17–7

挤

8. 重心略沉，腰向右领，带动右臂外旋，变直伸形屈回提起，将近与肩平。左臂随腰内旋坐掌，以掌心贴于右小臂内侧，（离开掌跟约一寸）两臂身前相合，对应身体中线。（图 17–8）

9. 重心前移，腰身向前推进，右腿弓出，完成弓步。合两臂，随腰身，向前直线推送，力点与出步方向一致，目视前方。（图 17–9）

图 17–8

图 17–9

按

10. 重心不动，腰向右转至出步前方，带动两臂内旋，向前伸开，与肩同宽，两臂平行，掌心向下，直中含曲。（图17-10）

图 17-10

11. 撤回重心，坐实左腿，保持支撑。同时，两臂坠肘屈臂，收回在胸前，保持平行，坐两掌，掌心朝前。（图 17–11）

图 17–11

12. 随重心前移，腰身向前推进，弓出右腿，完成弓步。两臂随腰，直线向前伸开推出，保持平行，两掌心向前。目视出掌方向。（图 17–12）

图 17–12

十八、肘底捶

1. 重心后移，使右脚掌微离地面，两掌落平，臂形不变。（图 18-1）

2. 随转腰向左带动，右腿合胯向内，以右脚跟为轴，向内侧扣回至正方向。同时，带动两臂在身前平环，打开。左臂向内平坐掌，由合转开，平环。右臂由开转合，平环。随后两掌，向内平坐屈回小臂。（图 18-2）

图 18-1

图 18-2

3. 重心右移，腰向右转，踏平右脚，坐实右腿，左脚以脚掌为轴，自然摆顺。同时，随腰向右侧，平环送出两臂。左臂由开转合，平坐掌掤在胸前。右臂由合转开送出，臂形直伸，掌心向下。目视右臂前方。（图 18–3）

图 18–3

4. 随腰向左领，提左腿，开胯配合，左侧前方落步，脚跟着地支撑。两臂相随，同时外旋，右臂坠肘，做起右掌，掌心向外。左臂变掌心向内。（图 18–4）

5. 重心前移，腰向左领，带动左脚踏平，坐实左腿。随腰带向左转，提右腿向右侧横带半步，落脚掌着地于斜方向。（腰身转至右侧 45 度方向）同时，左臂随腰，由内向外掤出，（寓上意）右臂随身而动，保持臂形。目视左臂前方。（图 18–5）

图 18–4

图 18–5

6. 撤回重心，踏平右脚，右腿坐实（为斜方向）。左脚以脚掌为轴，自然支撑摆顺。同时，左臂内旋坐掌，沿立圆下弧，坠肘屈臂，向下抓採。右臂随转身带动，外旋屈臂握立拳，腕向内扣。（图 18–6–1、图 18–6–2）

图 18–6–1

图 18–6–2

7. 左脚换脚跟着地，沉下，形成支撑，完成虚实步形。同时，左臂坐掌，屈臂上托至面前，与左腿相呼应。右臂握拳向内，平行合回至身体中线附近，略低于左肘。（左臂托起，右拳横击。腰身在侧面，手、步在正前）目视前方。（图 18-7-1、图 18-7-2）

图 18-7-1

图 18-7-2

十九、右倒撵猴

1. 重心略沉，步形不变，腰向右领。同时，带动右臂走下弧，松拳坐掌，提起至身前右侧，臂形直中含曲，将近与肩平。左臂外旋直伸，掌心向上。头随身转，目视左臂前方。（图 19–1）

2. 撤回重心，坐实右腿。转腰向左至正前，带动左腿直接向后撤步，脚掌落地为斜方向，踏平支撑。同时，右臂坠肘屈回，坐掌侧立。左臂随身而动，臂形不变。（图 19–2）

图 19–1

图 19–2

3. 重心继续后移，坐实左腿，右脚以脚跟为轴，蹬回，摆正脚踏平，完成虚实步形。同时，左臂坐肘屈臂沉下，走下弧，挎回在左胯旁，掌心向上。右臂随腰，由后向前，坐掌侧立，直线击出。目视出掌方向。（图 19-3-1、图 19-3-2）

图 19-3-1

图 19-3-2

二十、左倒撵猴

1. 重心略沉，步形不变，保持支撑，腰向左领。同时，带动左臂走下弧环出，坐掌提起至身前左侧，将近与肩平，掌心向外。右臂外旋伸出，变掌心向上。头随身转，目视右臂前方。（图 20–1–1、图 20–1–2）

图 20–1–1

图 20–1–2

2. 撤回重心，坐实左腿，腰身向右至正前，提右腿直接向后撤步，脚掌落地为斜方向，踏平支撑。同时，左臂坠肘屈回，坐掌侧立。右臂随身而动，臂形不变。（图 20-2-1，20-2-2）

图 20-2-1

图 20-2-2

3. 重心继续后移，坐实右腿，左脚以脚跟为轴，蹬回，摆正脚踏平，完成虚实步形。同时，右臂坠肘屈臂沉下，走下弧，挎回在右胯旁，掌心向上。左臂随腰，由后向前，坐掌侧立，直线击出。目视出掌方向。（图 20–3）

图 20–3

二十一、右倒撵猴

1. 重心略沉，步形不变，保持支撑，腰向右领。同时，带动右臂走下弧环出，坐掌提起至身前右侧，将近与肩平，掌心向外。左臂外旋伸出，变掌心向上，指尖朝前。头随身转，目视左臂前方。（图 21–1）

图 21–1

2. 撤回重心，坐实右腿。转腰向左至正前，带动左腿直接向后撤步，脚掌落地为斜方向，踏平支撑。同时，右臂坠肘屈回，坐掌侧立。左臂随身而动，臂形不变。（图 21–2）

图 21–2

3. 重心继续后移，坐实左腿，右脚以脚跟为轴，蹬回，摆正脚踏平，完成虚实步形。同时，左臂坠肘屈臂沉下，走下弧，挎回在左胯旁，掌心向上。右臂随腰，由后向前，坐掌侧立，直线击出。目视出掌方向。（图 21–3–1、图 21–3–2）

图 21–3–1

图 21–3–2

二十二、斜飞式

1. 重心后移，腰向左领，逐渐坐实左腿。同时，带动两臂下行。随后，左臂内旋，向外平环，变掌心向下。右臂沉下，屈臂变掌心向内。两臂在身前两侧打开。（图 22-1-1、图 22-1-2）

图 22-1-1

图 22-1-2

2. 腰向右转，提右腿，开胯配合，向右后侧斜方向迈步，落地脚跟支撑。同时，带动屈两臂在身前相合，左臂在上，将近与肩平。右臂在下，掌心侧向上。（图 22-2）

3. 重心前移，腰身继续右转，带动右脚踏平，弓出右腿。左脚以脚跟为轴，随腰向内扣回至正方向（约135度），踏平，完成弓步。同时，右臂伸开，由内向外，由下往上，横向掤出，掌心侧向上，与右腿上下相呼应。左臂坐掌直接下按，在左胯前，掌心向下与右臂呼应。头随身转，目视右臂前方。（图 22-3）

图 22-2

图 22-3

二十三、提手上势

1. 重心前移，坐实右腿，左脚微离地面。随转腰左领，带动左脚步形略向内靠，足尖落为斜方向，踏平支撑。两臂位置不变，随身而动。（图 23-1）

图 23-1

2. 重心后移，腰身保持向前，坐实左腿。同时，右臂坠肘外旋，坐掌侧立屈回，在身前右侧。左臂保持坐掌，屈臂提起打开，在身前左侧，略低。目视前方。（图 23-2）

图 23-2

3. 腰身转向左侧，带动提右腿正前上步，脚跟着地，脚掌微离地面，形成支撑，完成虚实步形。同时，随腰带动两臂身前相合。右臂伸开，坐掌侧立，向内合回至面前，身体中线附近。左臂外旋合回，对应右臂腕、肘之间下方，掌心侧向内。目视出手前方。（图 23-3）

图 23-3

二十四、白鹤亮翅

1. 重心略沉，步形不变，腰向左领。同时带动两臂下行。左臂外旋，掌心向上，右臂内旋，掌心向下，走立圆下弧。（图 24–1）

2. 撤回重心，坐实左腿，随后腰向左转至正前，带动右脚离地，向内侧扣回，变斜方向，脚跟着地支撑。同时，右手屈臂，肘尖外撑，呈弧形掤在腹前，掌心向上。左臂内旋，由外向内，走平圆合回在腹前，右臂上方，内侧平坐掌，掌心向下。头随身转，看向前方。（图 24–2）

图 24–1

图 24–2

3. 重心右移，右脚踏平，弓出右腿，保持支撑。同时右臂逐渐内旋，经左臂外侧上行，左臂逐渐下按。（图 24–3）

图 24–3

4. 坐实右腿，腰身方向不变，收回左脚，正前落步，脚掌着地，脚跟微离地面，形成支撑，完成虚实步形。同时，右臂继续内旋，经面前屈臂平坐掌，掤在头部上方，掌心朝前。左臂继续坐掌下按，落于左胯旁，掌心朝下，指尖向前。落胯身略前倾。目视前方。（图 24–4）

图 24–4

二十五、左搂膝拗步

1. 重心略沉，步形不变，左臂坠肘外旋，屈小臂坐掌侧立，右臂外旋，臂形直伸，变掌心向内。（图 25-1-1、图 25-1-2）

图 25-1-1

图 25-1-2

2. 保持支撑，腰向右转，同时，带动右臂，环立圆弧线下行，（以肩为圆心）在下方坐掌侧立，提臂上行，环至身前右侧，将近与肩平，臂形直中含曲，掌心向外。左臂随腰走上弧，掤按在胸前，向内平坐掌，掌心向下，略高于肘。头随身转，目视右臂前方。（图 25–2）

图 25–2

3. 撤回重心，坐实右腿，腰向左领，提左腿正前落步，脚跟着地支撑。环好两臂，目视出步方向。（图 25-3）

图 25-3

4. 重心前移，左脚踏平，腰身向左转动一半，带动左臂，由内向外，由合转开，向前往外环出，至弓腿前方，臂形直伸，直中含曲，掌心向下。右臂随身而动，坠肘屈回，坐掌侧立。（图 25-4）

图 25-4

5. 重心继续前移，腰身向左转至正前，弓出左腿，完成弓步。同时，左臂坠肘，坐掌下按至左膝旁，掌心向下，指尖朝前。右臂随腰，保持掌形，直线向前击出，与弓腿方向一致。目视出掌方向。（图 25-5-1、图 25-5-2）

图 25-5-1

图 25-5-2

二十六、海底针

1. 重心前移，坐实左腿，提右腿向内略靠，足尖方向不变，落平踩稳。同时，右臂外旋，转直伸臂形，略向下沉。左臂相对不动。（图 26–1–1、图 26–1–2）

图 26-1-1

图 26-1-2

2. 重心后移，腰身向右转至侧面，屈右膝坐实右腿，左脚以脚跟配合蹬回后，变前脚掌着地支撑，虚实步形。同时，右臂随腰，走立圆弧形线路，由合转开，由下向上，由前往后，外侧坐腕屈臂提起。左臂呼应，变直伸臂形，向前伸出。（图 26–2）

图 26–2

3. 步形不变，重心下沉，腰向左转至正前，折腰向下。同时，左臂坠肘，坐掌下按至左膝旁，掌心向下，指尖朝前。右臂伸开，保持掌形，随腰直接沉下，与左腿方向平行。目视出掌方向。（图 26-3-1、图 26-3-2）

图 26-3-1

图 26-3-2

二十七、扇通臂

1. 步形不变，两脚下蹬，随腰右领，抬起上身。同时，两臂随之提起。右臂内旋直伸，提臂至头部上方。左臂外旋，提起相随，坐掌搭在右小臂外侧腕、肘之间。（图 27-1-1、图 27-1-2）

图 27-1-1

图 27-1-2

2. 撤回重心，坐实右腿，提左腿正前上步，脚跟着地支撑，随即重心前移，腰向右领带动，弓出左腿，完成弓步。同时，右手屈臂，顺势带回至额角旁，掌心向外。左臂坐掌侧立伸开，向前直线击出，将近与肩平。上身正直，目视出掌前方。（图 27-2-1、图 27-2-2）

图 27-2-1

图 27-2-2

二十八、转身撇身捶

1. 重心后移，使左脚掌微离地面，腰向右转，合胯带动，左脚以脚跟为轴，向内扣回至斜方向（约135度）。同时，右臂外旋，坐掌下按至腹前。左臂平坐掌，屈臂走上弧，掤在身前，头部上方，身体中线附近。两臂上下对应。头随身转观察。（图28-1）

图 28-1

2. 重心左移，坐实左腿，右脚随即摆顺。右臂握拳，内侧坐腕拳向下行。（图 28-2）

图 28-2

3. 随转腰向右带动，提右腿正前落步，脚跟着地支撑，随即踏平。同时，右臂由下往上，由后向前，走立圆弧形线路，拳背为力点，向前击出。左臂随身而动，直接坠肘屈臂沉下，坐掌侧立。目视出拳方向。（图 28-3）

图 28-3

4. 重心不停继续前移，腰身向右转至正前，弓出右腿，完成弓步。同时，右臂随腰，走下弧，坠肘屈臂沉下，挎回至右胯旁，拳心向上。左臂随腰，坐掌侧立，直线向前击出。目视出掌方向。（图 28–4–1、图 28–4–2）

图 28–4–1

图 28–4–2

二十九、进步搬拦捶

1. 重心后移，腰向左领。带动右臂，内旋坐拳，由后向前搭出。左臂外旋，坠肘屈臂带回，左掌对应右臂腕、肘之间做搬状。目视两臂前方。（图 29–1）

图 29–1

2. 重心下沉，腰向左转。带动两臂，由上向下，由右往左，走下弧，俯腕下搬。（图 29–2）

图 29–2

3. 撤回重心，坐实左腿，提右腿略收，落地为斜方向，脚跟着地支撑。同时，左臂下方坐掌，掤臂提起，在身前左侧，掌心向外。右臂内旋，提臂至腹前，握拳向下坐腕，拳背向上。目视左臂前方。（图 29–3）

4. 重心继续前移，腰向右转至正前，右脚踏平，屈膝弓出右腿，保持支撑。带动右臂，由合转开，由下往上，走弧形，翻腕搬出。左手坐掌，坠肘屈臂，由开转合相随，带在身前。目视前方。（图 29–4）

图 29–3

图 29–4

5. 重心前移，坐实右腿，转腰向右，带动提左腿，正前上步，脚跟着地支撑。同时，右臂坠肘，屈臂挎回右拳至右胯旁，拳心向上。左臂坐掌侧立，顺势推出。目视出掌方向。（图 29-5-1、图 29-5-2）

图 29-5-1

图 29-5-2

6. 重心前移，腰向左转至正前，带动左脚踏平，弓出左腿，完成弓步。同时，右臂随腰内旋，屈臂，由后向前，直线击出，拳面向前。左臂坐掌侧立，坠肘屈回相拦，呼应于右臂腕、肘之间，左臂略高。落胯，身法略带前倾。目视出拳方向。（图 29-6）

图 29-6

三十、上步揽雀尾

1. 重心后移，使左脚掌微离地面。腰向左领，带动左脚跟为轴，向外打开，为斜方向，保持支撑。同时，左臂外旋伸开，右臂内旋略屈，在身前两侧，掤臂打开。两臂将近与肩平，左掌心侧向上，右拳心侧向下。（图 30–12）

图 30–1

右掤

2. 重心前移，腰向左转，带动左脚踏平，弓出左膝。同时，左臂内旋略屈，变掌心向下。右臂环下弧，逐渐松拳变掌。（图 30-2-1、图 30-2-2）

图 30-2-1

图 30-2-2

3. 随腰继续左转，坐实左腿，提右腿正前方上步（大致与肩同宽），脚跟着地支撑。同时，右臂随腰，外旋屈臂掤回，掌心侧向上。两臂随上步相合，在身前中线附近，右臂在下。目视出步方向。（图 30–3）

4. 重心前移，腰向右领，右脚踏平，弓出右腿，完成弓步。同时，右臂随腰带动，由下向上，屈臂掤起，在身前呈弧形，掌心侧向内，将近与肩平。左臂经右臂腕、肘之间，收回坐掌，按在右臂下方，距离约一拳。目视前方。（图 30–4）

图 30-3

图 30-4

捋

5. 重心不动，步形不变，腰向右转，带动右臂内旋，屈臂坐掌打开，掌心侧向外。左臂外旋，保持屈臂，掌形转为直伸，对应右臂腕、肘之间不变，掌心侧向内。头随身转观察。（图 30–5–1、图 30–5–2）

图 30–5–1

图 30–5–2

6. 重心回移，腰向左转，两腿保持稳定支撑，左实右虚。两臂保持相对位置不变，由右向左，由上往下，捋回左侧。左臂为开，右臂伸开为合。目视左侧前方向。（图 30–6–1、图 30–6–2）

图 30–6–1

图 30–6–2

挤

7. 重心略沉，腰向右领，带动右臂外旋，掌形直伸，屈回提臂，将近与肩平。左臂随腰内旋坐掌，以掌心贴于右小臂内侧，（离开掌跟约一寸）两臂身前相合，对应身体中线。（图 30-7-1、图 30-7-2）

图 30-7-1

图 30-7-2

8. 重心前移，腰身向前推进，右腿弓出，完成弓步。合两臂，随腰身，向前直线推送，力点与出步方向一致，目视前方。（图 30-8-1、图 30-8-2）

图 30-8-1

图 30-8-2

按

9. 重心不动，腰向右转至正前，带动两臂内旋，向前伸开，与肩同宽，两臂平行，掌心向下，直中含曲。（图30-9-1、图30-9-2）

图 30-9-1

图 30-9-2

10. 撤回重心，略向下沉，坐实左腿，保持支撑。同时，两臂坠肘屈回，收回在胸前，保持平行，坐两掌，掌心朝前。（图 30–10–1、图 30–10–2）

图 30–10–1

图 30–10–2

11. 随重心前移，腰身向前推进，弓出右腿，完成弓步。两臂随腰，直线向前伸开推出，保持平行，两掌心向前。目视出掌方向。（图 30-11-1、图 30-11-2）

图 30-11-1

图 30-11-2

三十一、单鞭

1. 重心后移，右脚掌微离地面，左实右虚。同时，落平两掌，掌心向下。（图 31–1）

图 31–1

2. 随转腰向左带动，右腿合胯向内，以右脚跟为轴，向内侧扣回，（约 135 度）变斜方向。同时，带动两臂在身前平环，打开。左臂向内平坐掌，由合转开，平环。右臂由开转合，平环。随后平坐两掌，向内屈回两小臂。（图 31-2-1、图 31-2-2）

图 31-2-1

图 31-2-2

3. 重心右移，腰向右转，踏平右脚，坐实右腿。左脚以脚掌为轴，自然摆顺。同时，随腰向右侧，平环送出两臂。左臂由开转合，平坐掌掤在胸前。右臂由合转开，送出，臂形直伸，掌心向下。目视右臂前方。（图 31–3）

4. 腰向左领，带动开胯配合，提左腿，左侧正前方落步，脚跟着地支撑。同时，左臂外旋，掌形直伸，屈臂掤在胸前，掌心侧向内。右臂垂下手腕，以拇指为中心拢回五指，勾吊手，指尖向下，右臂略高。（右臂特殊，自然伸开，不宜挺直）目视出步方向。（图 31–4）

图 31-3

图 31-4

5. 重心前移，腰略向左转，带动左脚踏平。同时，左臂内旋，由合转开，在面前屈臂坐掌侧立，与出步方向一致。右臂随身而动，位置不变。（图 31–5）

图 31–5

6. 重心继续前移，弓出左腿，完成弓步。同时，左臂伸开，由后向前，直线击出，手臂将近与肩平。右臂随身而动，位置不变。保持身法正直。目视出掌方向。（图 31–6）

图 31–6

三十二、左右云手（之一）

1. 重心后移，使左脚掌微离地面，随腰扣回至正前。腰身向右，转至右侧（约 45 度方向）。保持支撑。同时，带动左臂向内合回，屈臂平坐掌，掤在身前，寓上意。右臂合在身前右侧，位置不变。目视右臂前方。（图 32–1）

2. 重心左移，左脚踏平，腰身向左，转至左侧（约 45 度方向）。同时，带动左臂由合转开，向下沉，坐掌採出，掌心向外。右臂松吊手，屈臂走下弧，掤在右侧身前，掌心向内。两腿保持支撑。目视左臂前方。（图 32–2）

图 32–1

图 32–2

3. 坐实左腿，收回右脚，大致与肩同宽，足尖朝前踏平，踩马步支撑。（图 32-3）

图 32-3

4. 重心右移，腰身向右转至正前。同时，右臂合回，由下向上，外旋屈臂掤至胸前，掌心侧向内。左臂随腰内旋沉下，肘向外撑，落下左掌，手臂直伸略带弧形，掌心向后，沉在左侧身前。目视前方。（图 32–4）

5. 腰向右转至侧面（右侧约 45 度方向），带动重心右移，马步左虚右实。同时，右臂随转腰，由合转开，逐渐内旋，坐掌侧立，由下往上，由上向下，走立圆弧形，伸开採出。掌心侧向外。左臂随身而动，臂形不变，随腰带在身前，掌心向内，身体中线附近。（图 32–5）

图 32–4

图 32–5

三十三、左右云手（之二）

1. 重心继续右移，坐实右腿。提左腿横向，平行跨步，比肩略宽，脚内侧，着地支撑。同时，右臂逐渐内旋，转直伸臂形，直中含曲，在身前，沿立圆线路，开始下行，掌心向内。左臂逐渐外旋开始提起。头随身转，看主手方向。（图 33–1）

2. 重心左移，左脚踏平。腰身向左转至正前，马步左右均衡。同时，左臂外旋，屈臂呈弧形，由下向上，掤起至胸前，掌心侧向内。右臂保持臂形，沉下在身前右侧，掌心向后。（图 33–2）

图 33–1

图 33–2

3. 重心继续左移，腰身继续转至左侧，（左侧大约 45 度方向）马步变左实右虚。同时，左臂逐渐内旋，坐掌侧立，由合转开，由下往上，由上向下，走立圆弧形，伸开採出。右臂随腰身，臂形不变，带在身前，中线附近。（图 33–3）

4. 移重心坐实左腿，横向平行收回右脚，大致与肩同宽，内侧着地支撑。左臂逐渐内旋，转直伸臂形，直中含曲，在身前，沿立圆线路，开始下行。右臂逐渐外旋屈臂，开始提起。（图 33–4）

图 33–3

图 33–4

5. 重心右移，右脚踏平，腰身向右转至正前，马步左右均衡。同时，右臂外旋，屈臂呈弧形，由下向上，掤起至胸前，掌心侧向内。左臂保持臂形，沉下在身前左侧，掌心向后。（图 33-5）

6. 腰向右转至侧面（右侧约 45 度方向），带动重心右移，马步左虚右实。同时，右臂随转腰，由合转开，逐渐内旋，坐掌侧立，由下往上，由上向下，走立圆弧形，伸开採出。掌心侧向外。左臂随身而动，臂形不变，随腰带在身前，掌心向内，身体中线附近。（图 33-6）

图 33-5

图 33-6

三十四、左右云手（之三）

1. 重心继续右移，坐实右腿。提左腿横向，平行跨步，比肩略宽，脚内侧着地支撑。同时，右臂逐渐内旋，转直伸臂形，直中含曲，在身前，沿立圆线路，开始下行，掌心向内。左臂逐渐外旋开始提起。头随身转，看主手方向。（图 34–1）

2. 重心左移，左脚踏平。腰身向左转至正前，马步左右均衡。同时，左臂外旋，屈臂呈弧形，由下向上，掤起至胸前，掌心侧向内。右臂保持臂形，沉下在身前右侧，掌心向后。（图 34–2）

图 34–1

图 34–2

3. 重心继续左移，腰身继续转至左侧，（左侧大约 45 度方向）马步变左实右虚。同时，左臂逐渐内旋，坐掌侧立，由合转开，由下往上，由上向下，走立圆弧形，伸开採出。右臂随腰身，臂形不变，带在身前中线附近。（图 34–3）

图 34–3

4. 坐实左腿，随腰向左领，带动右腿横带半步，向内扣回，为斜方向，踏平支撑。（图 34–4）

图 34–4

5. 重心右移，保持支撑，腰向右转，带动右臂屈臂外旋，掤起后送出，在身前右侧打开，臂形直伸，掌心向下。左臂随腰屈臂掤起至胸前。目视右臂前方。（图 34–5）

图 34–5

三十五、单鞭

1. 坐实右腿，左脚自然摆顺。随即腰向左领，带动开胯，提左腿正前上步，脚跟着地支撑。同时，右臂垂下手腕，以拇指为中心，拢回五指，勾吊手，指尖朝下。左臂掤在胸前，掌心侧向内。目视出步方向。（图 35-1）

2. 重心前移，腰略向左转，带动左脚踏平。同时，左臂内旋，由合转开，在身前屈臂坐掌侧立，与出步方向一致。右臂随身而动，位置不变。（图 35-2）

图 35-1

图 35-2

3. 重心继续前移，弓出左腿，完成弓步。同时，左臂伸开，由后向前，直线击出，手臂将近与肩平。右臂随身而动，位置不变。保持身法正直。目视出掌方向。（图 35-3）

图 35-3

三十六、高探马

1. 重心后移，腰向右转，坐实右腿。提左腿向内略靠，脚掌着地。同时，右臂向外松开吊手，向内侧平坐掌，屈回右小臂，手略高于肘。左臂外旋平伸，掌心向上。目视前方。（图 36–1）

图 36–1

2. 腰向左转至正前，左脚形成支撑，完成虚实步形。同时，右臂随腰向前，平坐掌伸开，掌沿为力点，由后向前，直线击出（针对对手颈部）。左臂屈回沉下，带回至左腹前（掌心向上）。目视前方。（图 36-2-1、图 36-2-2）

图 36-2-1

图 36-2-2

三十七、右分脚

1. 步形不变，重心略沉，带动腰身向右转至侧面。两臂同时，身前两侧打开，将近与肩平，左臂伸出略低，右臂打开略高。（图 37–1）

2. 撤回重心，坐实右腿。随腰身向左领，提左腿，左侧前方落步，脚跟着地支撑。同时，左臂随身而动。右手内侧平坐掌，屈回右小臂 (手略高于肘 ）。（图 37–2）

图 37–1

图 37–2

3. 重心前移，腰向左领，左脚踏平。同时，两臂平环向内，合回至身体中线附近，右臂在上。（图 37-3）

图 37-3

4. 腰身继续左领，弓出左腿，完成弓步。同时，左臂屈回，掌心侧向内。右臂外旋，坐掌侧立伸开，左手对应右臂腕、肘之间。目视右掌前方。（图 37-4-1、图 37-4-2）

图 37-4-1

图 37-4-2

5. 重心略沉，步形不变，随腰向左领。带动右臂外旋，转直伸掌形，平捋合回。左臂相随，逐渐完成两臂相合。（图37–5–1、图37–5–2）

图 37–5–1

图 37–5–2

6. 重心前移，借左腿下蹬，随转腰向左，提右腿屈膝站立，足尖自然下垂。同时，两臂合在身前中线，掤臂两腕相搭，右臂在外。头随身转，目视前方。（图 37–6–1、图 37–6–2）

图 37–6–1

图 37–6–2

7.腰向右领，两臂内旋，逐渐坐掌侧立，由内向外分臂，两侧平行打开。（注意沉肩、含胸等要领）同时，右腿随腰伸开，踢出，脚面略绷，足尖向前。（右腿与右臂相对应）随即屈回右腿，足尖自然下垂，保持站姿。目视出腿方向。（图 37–7–1、图 37–7–2、图 37–7–3）

图 37–7–1

图 37–7–2

图 37–7–3

三十八、左分脚

1. 降低重心，左腿屈膝下蹲，落右腿，右侧前方落步，脚跟着地支撑。同时，右臂外旋直伸，变掌心向上。左臂坠肘屈回，坐掌侧立。目视右臂前方。（图 38–1–1、图 38–1–2）

图 38–1–1

图 38–1–2

2. 重心前移，腰向右领，带动右脚踏平。同时，两臂平环向内，合回至身体中线附近，左臂在上。（图 38-2-1、图 38-2-2）

图 38-2-1

图 38-2-2

3.腰身继续右领，弓出右腿，完成弓步。同时，右臂屈回，掌心侧向内。左臂推出，坐掌侧立伸开，右手对应左臂腕、肘之间。目视左掌前方。（图 38–3、图 38–3 侧面）

图 38–3

图 38–3 侧面

4. 重心略沉，步形不变，随腰向右领。带动左臂外旋，转直伸掌形，平捋合回。右臂相随，逐渐完成两臂相合。（图 38-4-1、图 38-4-2）

图 38-4-1

图 38-4-2

5. 重心前移，右腿下蹬，随转腰向右，提左腿屈膝站立，足尖自然下垂。同时，两臂合在身前中线，掤臂两腕相搭，左臂在外。头随身转，目视前方。（图 38-5-1、图 38-5-2）

图 38-5-1

图 38-5-2

6. 腰向左领，两臂内旋，逐渐坐掌侧立，由内向外分臂，两侧平行打开。（注意沉肩、含胸等要领）同时，左腿随腰伸开，踢出，脚面略绷，足尖向前。（左腿与左臂相对应）随即屈回左腿，足尖自然下垂，保持站姿。目视出腿方向。（图 38-6-1、图 38-6-2、图 38-6-3）

图 38-6-1

图 38-6-2

图 38-6-3

三十九、转身左蹬脚

1. 保持站姿，落下左腿伸开。同时，左臂外旋，屈臂掤回至胸前，掌心侧向内。右臂外旋伸开，在身前右侧，掌心向上。（图 39-1）

图 39-1

2. 腰身向右领，随即向左转，带动右脚跟为轴，将左腿在下方向外摆出。转身至正后。同时，随转身，将右臂向内合回，在左臂内侧，两腕相搭。头随身转，目视前方。（图 39-2-1）

图 39-2-1

3. 保持站姿，右脚踏平，为右侧斜方向。屈膝提起左腿，足尖自然垂下。（图 39-3）

图 39-3

4. 分开两臂，内旋逐渐坐两掌侧立，由内向外，身前两侧平行打开。同时，左腿以脚掌为力点，正直向前蹬出，（左腿与左臂相对应）随即屈回，垂下足尖。目视出腿方向。（图 39-4-1、图 39-4-2）

图 39-4-1

图 39-4-2

四十、左搂膝拗步

1. 保持站姿，随腰向左领，右臂外旋，平环直伸，向内合回在身前，掌心向上。（图 40-1-1、图 40-1-2）

图 40-1-1

图 40-1-2

2. 右腿屈膝下蹲，降低重心，腰向右转，落左腿正前迈步，脚跟着地支撑。同时，带动右臂内旋，走立圆下弧环出，在下方坐掌，环臂提起至身前右侧，将近与肩平，掌心侧向外。左臂坠肘屈回，走上弧，掤按在胸前，平坐掌，掌心朝下，略高于肘。头随身转，目视右臂前方。（图 40-2-1、图 40-2-2）

图 40-2-1

图 40-2-2

3. 重心前移，左脚踏平，腰身向左转动一半，带动左臂，由内向外，由合转开，向前往外环出，至弓腿前方，臂形直伸，直中含曲，掌心向下。右臂随身而动，坠肘屈回，坐掌侧立。目视左臂前方。（图 40-3-1、图 40-3-2）

图 40-3-1

图 40-3-2

4. 重心继续前移，腰身向左转至正前，弓出左腿，完成弓步。同时，左臂坠肘，坐掌下按至左膝旁，掌心向下，指尖朝前。右臂随腰，保持掌形，直线向前击出，与弓腿方向一致。目视出掌方向。（图 40-4）

图 40-4

四十一、右搂膝拗步

1. 重心后移，带动左脚掌微离地面，保持支撑。同时，左臂向前直伸，提起，右臂相对不动。（图 41–1–1、图 41–1–2）

图 41–1–1

图 41–1–2

2. 腰向左领，带动左脚向外，以脚跟为轴打开，变为斜方向。同时，右臂略屈上行，左臂外旋屈回，左掌对应右臂腕、肘之间下方，距离约为一拳，掌心侧向上。（图 41–2）

图 41-2

3. 重心前移，左脚踏平，弓出左腿，保持支撑稳定。同时，左臂开始下行，右臂开始上行。（图 41–3）

图 41-3

4. 重心继续前移，坐实左腿，腰身向左转，带动提右腿，正前上步，脚跟着地支撑。同时，左臂环下弧，在下方侧立掌，提臂环在左侧身前，臂形直中含曲，掌心朝外。右臂上行，内侧平坐掌，掤按在胸前。目视左臂方向。（图 41-4）

图 41-4

5. 重心前移，右脚踏平，腰身向右转动一半，带动右臂，由内向外，由合转开，向前往外环出，至弓腿前方，臂形直伸，直中含曲，掌心向下。左臂随身而动，坠肘屈回，坐掌侧立。目视右臂前方。（图 41–5）

图 41–5

6. 重心继续前移，腰身向右转至正前，弓出右腿，完成弓步。同时，右臂坠肘，坐掌下按至右膝旁，掌心向下，指尖朝前。左臂随腰，保持掌形，直线向前击出，与弓腿方向一致。目视出掌方向。（图 41–6–1、图 41–6–2）

图 41–6–1

图 41–6–2

四十二、进步栽捶

1. 重心后移，带动右脚掌微离地面，保持支撑。同时，右臂向前直伸，提起，左臂相对不动。（图 42-1-1、图 42-1-2）

图 42-1-1

图 42-1-2

2. 腰向右领，带动右脚向外，以脚跟为轴打开，变为斜方向。同时，左臂略屈上行，右臂外旋屈回，右掌对应左臂腕、肘之间下方，距离约为一拳，掌心侧向上。（图42-2-1、图42-2-2）

图 42-2-1

图 42-2-2

3. 重心前移，右脚踏平，弓出右腿，保持支撑稳定。同时，两臂开始下行，掤在身前。（图 42-3-1、图 42-3-2）

图 42-3-1

图 42-3-2

4，重心前移，坐实右腿。腰向右转，带动提左腿正前上步，脚跟着地支撑。同时，右臂随上步，握拳挎回，在右胯旁，拳心向上。左臂平坐掌，掤按在腹前。目视腹部前方。（图 42-4-1、图 42-4-2）

图 42-4-1

图 42-4-2

5. 重心再次前移，腰身向左转动一半，左脚踏平。同时，左臂平环向前打开，臂形直伸。右臂内旋，屈臂变立拳。（图 42-5-1、图 42-5-2）

图 42-5-1

图 42-5-2

6. 重心不停继续前移，腰身带动左转至正前，略折腰，弓出左腿，完成弓步。同时，左臂坐掌下按至左膝旁，掌心向下，指尖朝前。右臂随腰直线侧向下，直线出拳击出，力点拳面。目视出拳方向。（图 42-6-1、图 42-6-2）

图 42-6-1

图 42-6-2

四十三、转身撇身捶

1. 重心后移，使左脚掌微离地面。腰向右转，合胯带动，左脚以脚跟为轴，向内扣回至斜方向（约 135 度）。同时，右臂内旋，坐掌提至腹前。左臂外旋平坐掌，屈臂走上弧，掤在身前，头部上方，身体中线附近。两臂上下对应。头随身转观察。（图 43-1-1、图 43-1-2）

图 43-1-1

图 43-1-2

2. 重心左移，坐实左腿，右脚随即摆顺。右臂握拳，内侧坐腕拳向下行。（图 43-2-1、图 43-2-2）

图 43-2-1

图 43-2-2

3. 随转腰向右带动，提右腿正前落步，脚跟着地支撑，随即踏平。同时，右臂由下往上，由后向前，走立圆弧形线路，拳背为力点，向前击出。左臂随身而动，直接坠肘屈臂沉下，坐掌侧立。目视出拳方向。（图 43-3-1、图 43-3-2）

图 43-3-1

图 43-3-2

4. 重心不停继续前移，腰身向右转至正前，弓出右腿，完成弓步。同时，右臂随腰，走下弧，坠肘屈臂沉下，挎回至右胯旁，拳心向上。左臂随腰，坐掌侧立，直线向前击出。目视出掌方向。（图 43–4）

图 43–4

四十四、进步搬拦捶

1. 重心后移，腰向左领。带动右臂，内旋坐拳，由后向前搭出。左臂外旋，坠肘屈臂带回，左掌对应右臂腕、肘之间做搬状。目视两臂前方。（图 44-1-1、图 44-1-2）

图 44-1-1

图 44-1-2

2. 重心下沉，腰向左转。带动两臂，由上向下，由右往左，走下弧，俯腕下搬。（图 44-2-1、图 44-2-2）

图 44-2-1

图 44-2-2

3. 撤回重心，坐实左腿，提右腿略收，落地为斜方向，脚跟着地支撑。同时，左臂下方坐掌，掤臂提起，在身前左侧，掌心向外。右臂内旋，提臂至腹前，握拳向下坐腕，拳背向上。目视左臂前方。（图 44-3-1、图 44-3-2）

图 44-3-1

图 44-3-2

4. 重心继续前移，腰向右转至正前，右脚踏平，屈膝弓出右腿，保持支撑。带动右臂，由合转开，由下往上，走弧形，翻腕搬出。左手坐掌，坠肘屈臂，由开转合相随，带在身前。目视前方。（图 44-4-1、图 44-4-2）

图 44-4-1

图 44-4-2

5. 重心前移，坐实右腿，转腰向右，带动提左腿，正前上步，脚跟着地支撑。同时，右臂坠肘，屈臂挎回右拳至右胯旁，拳心向上。左臂坐掌侧立，顺势推出。目视出掌方向。（图 44–5）

图 44–5

6. 重心前移，腰向左转至正前，带动左脚踏平，弓出左腿，完成弓步。同时，右臂随腰内旋，屈臂，由后向前，直线击出，拳面向前。左臂坐掌侧立，坠肘屈回相拦，呼应于右臂腕、肘之间，左臂略高。落胯，身法略显前倾。目视出拳方向。（图 44-6-1、图 44-6-2）

图 44-6-1

图 44-6-2

四十五、右蹬脚

1. 重心后移，使左脚掌微离地面。腰向左领，带动左脚跟为轴，向外打开，为斜方向，保持支撑。同时，左臂外旋伸开，右臂内旋略屈，在身前两侧，掤臂打开。两臂将近与肩平，左掌心侧向上，右拳心侧向下。（图 45–1–1、图 45–1–2）

图 45–1–1

图 45–1–2

2. 重心前移，腰向左领，弓出左腿，左脚踏平，坐实。同时，左臂逐渐屈臂掤回，右臂握拳，走立圆下弧。（图45-2-1、图45-2-2）

图 45-2-1

图 45-2-2

3. 借左脚下蹬，腰向左领，提右腿屈膝站立，足尖自然下垂。（略有绷意）顺势右臂松拳，外旋合回掤在身前，两腕相搭，右臂在外。目视前方。（图 45-3-1、图 45-3-2）

图 45-3-1

图 45-3-2

4. 分开两臂，内旋逐渐坐两掌侧立，由内向外，身前两侧平行打开。同时，右腿以脚掌为力点，正直向前蹬出，（右腿与右臂相对应）随即屈回，垂下足尖。目视出腿方向。（图 45-4-1、图 45-4-2、图 45-4-3）

图 45-4-1

图 45-4-2

图 45-4-3

四十六、左打虎势

1.降低重心，左腿屈膝下蹲，腰向左领，落右腿于右后侧，合胯脚向内扣，变斜方向，脚跟着地支撑。两臂保持位置不变，坐掌侧立，将近与肩平。（图 46-1-1、图 46-1-2）

图 46-1-1

图 46-1-2

2. 重心右移，腰向右转，右脚踏平，坐实右腿。随腰带动，提左腿正前落步，脚跟着地支撑。同时，左臂随腰，外旋屈臂，掤回于胸前，掌心侧向内。右臂相对不动，在身前右侧，坐掌侧立，将近与肩平。目视前方。（图 46-2-1、图 46-2-2）

图 46-2-1

图 46-2-2

3. 重心前移，腰向左转至正前，带动左脚踏平，弓出左腿，完成弓步。同时，随腰带动两臂下行，在身前走正圆立弧，左快右慢，接近身体中线，握拳相合，上下对应。左手握拳，屈臂掤在头部上方，（勿遮挡视线）拳心向外。右手外旋屈臂握拳，合击在腹前，拳心向内。两拳眼上下相对。目视前方。（图 46–3–1、图 46–3–2）

图 46-3-1

图 46-3-2

四十七、右打虎势

1. 撤回重心，使左脚掌微离地面，以脚跟为轴，随转腰向右，带动合胯，向内扣回左脚（约135度），变为左侧斜方向，踏平。两臂位置相对不动。（图47-1-1、图47-1-2）

图 47-1-1

图 47-1-2

2. 重心回移，腰向左领，逐渐坐实左腿，松右脚自然摆顺，随腰右领，提右腿正前方向落步，脚跟着地支撑。同时，左手松拳，身前左侧沉下，坐掌侧立，将近与肩平。右手松拳提臂，掤起于胸前，掌心侧向内，两臂相呼应。（图 47–2）

3. 重心前移，腰向右，转至正前，右脚踏平，弓出右腿，完成弓步。同时，带动两臂下行，在身前走正圆立弧，右快左慢，接近身体中线，握拳相合，上下对应。左手拳心向内，屈臂掤在腹前。右手沿立圆弧形线路，环至右侧，下方坐掌，内旋屈臂掤起，接近中线附近，握拳合击于头部上方，拳心向外。目视前方。（图 47–3）

图 47–2

图 47–3

四十八、回身右蹬脚

1. 重心不动，腰身向左转带动，以左脚跟为轴，向外侧打开，变斜方向。同时，左臂由合转开，由下向上，提臂握拳伸开掤出，至将近与肩平。右臂随腰，坠肘屈臂握拳沉下，打开。头随身转，看左臂前方。（图 48–1）

2. 重心左移，左脚踏平，弓出左腿。腰身继续左转，带动右脚，以脚跟为轴，向内扣回至正前，踏平。同时，左臂逐渐握拳屈臂。右臂内旋，走立圆下弧，握拳沉下在身前。（图 48–2）

图 48–1

图 48–2

3. 重心前移，坐实左腿，借脚下蹬，腰身向左领，提右腿屈膝站立，足尖自然垂下。同时，右臂走上弧掤回。两臂松拳，身前相合，两腕相搭，右臂在外。目视提腿前方。（图 48-3-1、图 48-3-2）

图 48-3-1

图 48-3-2

4. 保持站姿，分开两臂，内旋逐渐坐两掌侧立，由内向外，身前两侧平行打开。同时，右腿以脚掌为力点，正直向前蹬出，（右腿与右臂相对应）随即屈回，垂下足尖。目视出腿方向。（图 48-4-1、图 48-4-2、图 48-4-3）

图 48-4-1

图 48-4-2

图 48-4-3

四十九、双峰贯耳

1. 保持站姿，腰向右转，带动左腿，以脚跟为轴，向内扣回至正前方，踏平。同时，两臂外旋，转直伸臂形，与肩对应平行合回，将近与肩平，两掌心向上。（图 49–1）

图 49–1

2. 降低重心，屈左腿下蹲，落右腿，右侧前方落步，脚跟着地支撑。两臂逐渐开始坠肘屈回。（图 49-2）

图 49-2

3. 重心前移，腰身向前推进，右脚踏平。同时，两臂坠肘屈回，（两掌心向内）环下弧，随即两臂内旋，身前下方两侧打开，坠肘屈臂，向内平坐两掌，掌心向下。（图 49-3）

图 49-3

4. 重心继续前移，弓出右腿，完成弓步。同时，两臂由外向内，由下至上，由后往前，逐渐握拳合击。双拳食指，第三关节，针对头部两鬓。（注意沉肩等要领）目视出拳方向。（图 49-4-1、图 49-4-2）

图 49-4-1

图 49-4-2

五十、左蹬脚

1. 重心前移，屈右膝向下沉，坐实右腿。同时，两臂身前打开，两臂内旋走下弧，立圆线路，保持握拳下行相合，（手臂不宜挺直）两腕相搭，右臂在外。（图 50-1）

图 50-1

2. 借右脚下蹬，顺势随腰右领，屈膝提起左腿站立，足尖自然垂下。同时，两臂沿立圆线路，外旋合臂松拳掤起，在胸前。两腕相搭，左臂在外。目视左腿前方方向。（图50–2）

图 50–2

3. 分两臂，内旋逐渐坐两掌侧立，由内向外，身前两侧平行打开。同时，左腿以脚掌为力点，正直向前蹬出，（左腿与左臂相对应）随即屈回，垂下足尖。目视出腿方向。（图50-3-1、图50-3-2）

图 50-3-1

图 50-3-2

五十一、转身右蹬脚

1. 降低重心，右腿屈膝下蹲，随腰领，落胯向后伸出左腿，使腿部、身体上下一线，平整放松。同时，左臂外旋伸开，掌心侧向上。右臂内旋伸开，掌心侧向下，两臂身前两侧打开。（图 51–1）

2. 随腰身，向左领往右转，带动跨步。以右脚掌为轴，走整圆，转回正前，左腿在支撑腿左后侧落步，为左侧斜方向，落稳踏平支撑。头随身转观察。（图 51–2）

图 51-1

图 51-2

3. 撤回重心，左腿屈膝沉下，坐实左腿。同时，左臂逐渐屈回，右臂由下向上，走弧形逐渐掤回。（图 51–3）

图 51-3

4. 借左脚下蹬，提右腿屈膝站立，足尖自然垂下。两臂相合在身前，两腕相搭，右臂在外。目视右腿前方。（图 51–4–1、图 51–4–2）

图 51-4-1

图 51-4-2

5. 分开两臂，内旋逐渐坐两掌侧立，由内向外，身前两侧平行打开。同时，右腿以脚掌为力点，正直向前蹬出，（右腿与右臂相对应）随即屈回，垂下足尖。目视出腿方向。（图 51–5–1、图 51–5–2、图 51–5–3、图 51–5–4）

图 51–5–1

图 51–5–2

图 51–5–3

图 51–5–4

五十二、进步搬拦捶

1. 降低重心，左腿屈膝下蹲，腰向右领，落右腿，直接向外侧打开，为斜方向，脚跟着地支撑。同时，左臂坠肘屈回，坐掌侧立。右臂外旋伸开，掌心向上。目视前方。（图 52–1–1、图 52–1–2）

图 52-1-1

图 52-1-2

2. 重心前移，右脚踏平，弓出右腿。右臂坠肘沉下，左臂坐掌逐渐推出。（图 52-2-1、图 52-2-2）

图 52-2-1

图 52-2-2

3. 坐实右腿，腰向右转，带动提左腿，正前上步，脚跟着地支撑。同时，左臂伸出，推出左掌。右臂握拳挎回于右胯旁，拳心朝上。目视出步前方。（图 52-3）

图 52-3

4. 重心前移，腰向左转至正前，带动左脚踏平，弓出左腿，完成弓步。同时，右臂随腰内旋，屈臂，由后向前，直线击出，拳面向前。左臂坐掌侧立，坠肘屈回相拦，呼应于右臂腕、肘之间，左臂略高。落胯，身法略带前倾。目视出拳方向。（图 52-4-1、图 52-4-2）

图 52-4-1

图 52-4-2

五十三、如封似闭

1. 寓前意，重心不动，腰向左领。同时，带动两臂身前相合。右臂外旋，松拳变掌直伸臂形，向中线合回，掌心向上。左臂外旋，屈臂沉下，合在右臂下方，掌心向上。（图 53–1–1、图 53–1–2）

图 53–1–1

图 53–1–2

2. 重心后移，腰向右转，右腿坐实，保持支撑。同时，两臂沿身前中线，两侧屈臂打开，掌心侧向内。右臂坠肘，经左臂腕、肘之间，屈臂收回。左臂坠肘屈回。右手对应左臂腕、肘之间。目视前方。（图 53-2）

图 53-2

3. 转正腰身，重心略沉。同时，左臂内旋收于身前坐掌。右臂内旋提起，收在身前坐掌。两掌心向前，与肩平行对应。（图 53-3-1、图 53-3-2）

图 53-3-1

图 53-3-2

4. 重心前移，催动腰身向前推进，弓出左腿，完成弓步。两臂同时伸开，直线向前推出。落胯，身略前倾。目视出掌方向。（图 53–4–1、图 53–4–2）

图 53–4–1

图 53–4–2

五十四、十字手

1. 重心后移，两臂坠肘内旋略屈，呈弧形。腰身向右转，带动左脚，以脚跟为轴，向内扣回至正前。同时，带动右臂坐掌，随腰身前打开，寓上意。左臂随身而动，保持坐掌。两臂身前两侧打开。（图 54–1）

图 54–1

2. 重心左移，坐实左腿，右脚以脚掌顺势摆顺。两臂内旋，掌心向后，身前掤臂，走立圆下弧，逐渐相合。（图 54-2）

图 54-2

3. 随腰向右领，收回右脚，与左脚平行，落为马步形，大致与肩同宽。两臂在身前，下方中线相合，两腕相搭，掌心向内，指尖朝下，左臂在外。（图 54-3）

图 54-3

4. 重心右移，两脚均衡踏实。双臂相搭外旋，由下向上掤起至胸前，腕部相搭，掌形直伸，掌心侧向内，右臂在外。目视前方。（图 54-4-1、图 54-4-2）

图 54-4

图 54-5

五十五、抱虎归山

1. 重心略向右，腰身向右转，带动以脚跟为轴，合胯向内扣回左脚（约 70 度方向），保持支撑。两臂形不变，随身而动掤在胸前。（图 55–1）

2. 重心左移，腰向左转，左腿坐实，右脚自然摆顺。同时，随腰带动，左臂先行，走立圆下弧，在下方坐掌，提臂环至身前左侧，掌心向外。右臂随之内旋，掤按在胸前，平坐掌，掌心向下。目视左掌方向。（图 55–2）

图 55–1

图 55–2

3. 腰向右转，带动提右腿，开胯配合，右侧前方落步，脚跟着地支撑。两臂随身而动，目视出步方向。（图 55–3）

4. 重心前移，右脚踏平，腰身向右转动一半，带动右臂，由内向外，由合转开，向前往外环出，至弓腿前方，臂形直伸，直中含曲，掌心向下。左臂随身而动，坠肘屈回，坐掌侧立。（图 55–4）

图 55–3

图 55–4

5. 重心继续前移，腰身向右转至出步方向，弓出右腿，完成弓步。同时，右臂坠肘，坐掌下按至右膝旁，掌心向下，指尖朝前。左臂随腰，保持掌形，直线向前击出，与弓腿方向一致。目视出掌方向。（图 55–5–1、图 55–5–2）

图 55–5–1

图 55–5–2

捋

6. 重心后移，左腿转实，右腿变虚，腰向左转。同时，带动右臂，屈臂坐掌提起，由后向前搭出。左臂外旋，屈臂掤回，左掌心侧向内，对应右臂腕、肘之间。目视右臂前方。（图 55-6）

7. 重心继续后移，保持支撑，腰向左领，带动两臂，捋在左侧，两臂相对位置不变。头随身转观察。（图 55-7）

图 55-6

图 55-7

挤

8. 重心略沉，腰向右领，带动右臂外旋，变直伸形屈回提起，将近与肩平。左臂随腰内旋坐掌，以掌心贴于右小臂内侧，（离开掌跟约一寸）两臂身前相合，对应身体中线。（图 55-8）

9. 重心前移，腰身向前推进，右腿弓出，完成弓步。合两臂，随腰身，向前直线推送，力点与出步方向一致，目视前方。（图 55-9）

图 55-8

图 55-9

按

10. 重心不动，腰向右转至出步前方，带动两臂内旋，向前伸开，与肩同宽，两臂平行，掌心向下，直中含曲。（图55–10）

图 55–10

11. 撤回重心，坐实左腿，保持支撑。同时，两臂坠肘屈臂，收回在胸前，保持平行，坐两掌，掌心朝前。（图 55-11）

图 55-11

12. 随重心前移，腰身向前推进，弓出右腿，完成弓步。两臂随腰，直线向前伸开推出，保持平行，两掌心向前。目视出掌方向。（图 55-12）

图 55-12

五十六、斜单鞭

1. 重心后移，使右脚掌微离地面。两臂向前平伸，落平两掌。（图 56-1）

2. 随转腰向左带动，右腿合胯向内，以右脚跟为轴，向内侧扣回至正方向。（约 135 度）同时，带动两臂在身前平环，打开。左臂向内平坐掌，由合转开，平环。右臂由开转合，平环。随后两掌，向内平坐屈回小臂。（图 56-2）

图 56-1

图 56-2

3. 重心右移，腰向右转，踏平右脚，坐实右腿，左脚以脚掌为轴，自然摆顺。同时，随腰向右侧，平环送出两臂。左臂由开转合，平坐掌掤在胸前。右臂由合转开送出，臂形直伸，掌心向下。目视右臂前方。（图 56-3）

图 56-3

4. 随腰左领，提左腿开胯配合，左侧前方落步，脚跟着地支撑。同时，右臂垂下手腕，以拇指为中心，拢回五指，勾吊手。左臂外旋，变掌心向内，掤在胸前。目视出步方向。（图 56-4）

5. 重心前移，腰略向左转，带动左脚踏平。同时，左臂内旋，由合转开，在身前屈臂坐掌侧立，与出步方向一致。右臂随身而动，位置不变。（图 56-5）

图 56-4

图 56-5

6. 重心继续前移，弓出左腿，完成弓步。同时，左臂伸开，由后向前，直线击出，手臂将近与肩平。右臂随身而动，位置不变。保持身法正直。目视出掌方向。（图 56-6）

图 56-6

五十七、右野马分鬃

1. 重心后移，使左脚掌微离地面。腰身右转，带动左脚跟为轴，向内合胯扣回，变斜方向。两臂随身而动，位置不变。头随身转，目视前方。（图 57–1–1、图 57–1–2）

图 57–1–1

图 57–1–2

2. 重心左移，腰向左领，左脚踏平，坐实左腿。提右腿正前落步，角度略向外偏（偏外侧大约15度），脚跟着地支撑。同时，两臂相合在身前。左臂屈回沉下，将近与肩平，掌形直伸，掌心向下。右臂松开吊手，屈臂沉下合回，在左臂下方，掌形直伸，掌心侧向上。目视出步方向。（图57-2-1、图57-2-2）

图 57-2-1

图 57-2-2

3. 重心前移，腰向右转，带动右脚踏平，弓出右腿，完成弓步。同时，右臂随腰，由内向外，由下往上，直伸横开，掌心侧向上，比肩略高，与右腿相对应。左臂坐掌下按，在左胯前，呼应右臂。目视右臂前方。（图 57–3–1、图 57–3–2）

图 57–3–1

图 57–3–2

五十八、左野马分鬃

1. 重心后移，使右脚掌微离地面。腰身向右领，带动右脚向外，打开至斜方向（约 45 度方向）。两臂位置相对不变。（图 58-1-1、图 58-1-2）

图 58-1-1

图 58-1-2

2. 重心前移，使右脚踏平，弓出右腿坐实。腰向右转，带动提左腿正前上步，角度略偏外侧，（偏外侧约 15 度）脚跟着地支撑。同时，右臂内旋屈臂沉下，将近与肩平，掌形直伸，掌心侧向下。左臂随转腰上步，掤臂合回在身前，右臂下方，掌形直伸，掌心侧向上。目视出步方向。（图 58-2-1、图 58-2-2）

图 58-2-1

图 58-2-2

3. 重心继续前移，腰身向左转，左脚踏平，弓出左腿，完成弓步。同时，带动左臂由内向外，由下往上，直伸横开，掌心侧向上，比肩略高，与左腿相对应。右臂坐掌下按，在右胯前，呼应左臂。目视左臂前方。（图 58-3-1、图 58-3-2）

图 58-3-1

图 58-3-2

五十九、右野马分鬃

1. 重心后移，使左脚掌微离地面。腰身向左领，带动左脚向外，打开至斜方向（约45度方向）。两臂位置相对不变。（图59-1-1、图59-1-2）

图 59-1-1

图 59-1-2

2. 重心前移，使左脚踏平，弓出左腿坐实。腰向左转，带动提右腿正前上步，角度略偏外侧（偏外侧约15度），脚跟着地支撑。同时，左臂内旋屈臂沉下，将近与肩平，掌形直伸，掌心侧向下。右臂随转腰上步，掤臂合回在身前，左臂下方，掌形直伸，掌心侧向上。目视出步方向。（图59-2-1、图59-2-2）

图 59-2-1

图 59-2-2

3. 重心继续前移，腰身向右转，右脚踏平，弓出右腿，完成弓步。同时，带动右臂由内向外，由下往上，直伸横开，掌心侧向上，比肩略高，与右腿相对应。左臂坐掌下按，在左胯前，呼应右臂。目视右臂前方。（图 59–3–1、图 59–3–2）

图 59–3–1

图 59–3–2

六十、揽雀尾

左掤

1. 重心后移，使右脚掌微离地面，腰向左转，带动右脚跟为轴向内扣回，变斜方向。两臂随身而动，位置相对不变。重心右移，踏平右脚，坐实右腿两臂渐合。（图 60-1-1，60-1-2）

图 60-1-1

图 60-1-2

2. 随腰身右转，带动提左腿正前上步，脚跟着地支撑。同时，两臂身前相合。右臂内旋屈臂沉下，将近与肩平，掌形直伸，掌心向下，与出步同一方向。左臂随腰，撑肘掤臂合回，在身前右臂下方，掌形直伸，掌心侧向上。目视出步方向。（图 60–2–1、图 60–2–2）

图 60–2–1

图 60–2–2

3. 重心前移，腰向左转，左脚踏平，弓出左腿，完成弓步。同时，左臂随腰伸开，由下向上掤起，直伸臂形，掌心侧向内。右臂随即内侧平坐掌，下按在右胯前，对应左臂。保持上身正直，目视左前方。（图 60-3-1，图 60-3-2）

图 60-3-1

图 60-3-2

右掤

4. 重心右移，左脚掌微离地面。随腰向右转，带动左脚跟为轴，向内扣回，变斜方向。两臂保持臂形，随身而动。（图 60-4-1、图 60-4-2）

图 60-4-1

图 60-4-2

5. 重心左移，左脚踏平，腰向左转，坐实左腿，随腰带动，提右腿正前方上步（大致与肩同宽），脚跟着地支撑。同时，左臂内旋微屈，随腰打开，掌心向下，将近与肩平。右臂随腰，外旋屈臂掤回，掌心侧向上。两臂随上步相合，在身前中线附近，右臂在下。目视出步方向。（图 60–5–1、图 60–5–2）

图 60–5–1

图 60–5–2

6. 重心前移，腰向右领，右脚踏平，弓出右腿，完成弓步。同时，右臂随腰带动，由下向上，屈臂掤起，在身前呈弧形，掌心侧向内，将近与肩平。左臂经右臂腕、肘之间，收回坐掌，按在右臂下方，距离约一拳。目视前方。（图 60-6-1、图 60-6-2）

图 60-6-1

图 60-6-2

捋

7. 重心不动，步形不变，腰向右转，带动右臂内旋，屈臂坐掌打开，掌心侧向外。左臂外旋，保持屈臂，掌形转为直伸，对应右臂腕、肘之间不变，掌心侧向内。头随身转观察。（图 60–7–1、图 60–7–2）

图 60–7–1

图 60–7–2

8. 重心回移，腰向左转，两腿保持稳定支撑，左实右虚。两臂保持相对位置不变，由右向左，由上往下，捋回左侧。左臂为开，右臂伸开为合。目视左侧前方向。（图 60-8-1、图 60-8-2）

图 60-8-1

图 60-8-2

挤

9. 重心略沉，腰向右领，带动右臂外旋，掌形直伸，屈回提臂，将近与肩平。左臂随腰内旋坐掌，以掌心贴于右小臂内侧（离开掌跟约一寸），两臂身前相合，对应身体中线。（图 60-9-1、图 60-9-2）

图 60-9-1

图 60-9-2

10. 重心前移，腰身向前推进，右腿弓出，完成弓步。合两臂，随腰身，向前直线推送，力点与出步方向一致，目视前方。（图 60-10-1、图 60-10-2）

图 60-10-1

图 60-10-2

按

11. 重心不动，腰向右转至正前，带动两臂内旋，向前伸开，与肩同宽，两臂平行，掌心向下，直中含曲。（图 60-11-1、图 60-11-2）

图 60-11-1

图 60-11-2

12. 撤回重心，向下略沉，坐实左腿，保持支撑。同时，两臂坠肘屈臂，收回在胸前，保持平行，坐两掌，掌心朝前。（图 60-12-1、图 60-12-2）

图 60-12-1

图 60-12-2

13. 随重心前移，腰身向前推进，弓出右腿，完成弓步。两臂随腰，直线向前伸开推出，保持平行，两掌心向前。目视出掌方向。（图 60-13-1、图 60-13-2）

图 60-13-1

图 60-13-2

六十一、单鞭

1. 重心后移，右脚掌微离地面，左实右虚。同时，落平两掌，掌心向下。（图 61-1）

图 61-1

2. 随转腰向左带动，右腿合胯向内，以右脚跟为轴，向内侧扣回，（约 135 度）变斜方向。同时，带动两臂在身前平环，打开。左臂向内平坐掌，由合转开，平环。右臂由开转合，平环。随后平坐两掌，向内屈回两小臂。（图 61-2-1、图 61-2-2）

图 61-2-1

图 61-2-2

3. 重心右移，腰向右转，踏平右脚，坐实右腿。左脚以脚掌为轴，自然摆顺。同时，随腰向右侧，平环送出两臂。左臂由开转合，平坐掌掤在胸前。右臂由合转开，送出，臂形直伸，掌心向下。目视右臂前方。（图 61–3）

4. 腰向左领，带动开胯配合，提左腿，左侧正前方落步，脚跟着地支撑。同时，左臂外旋，变直伸掌形，屈臂掤在胸前，掌心侧向内。右臂垂下手腕，以拇指为中心拢回五指，勾吊手，指尖向下，右臂略高。（右臂特殊，自然伸开，不宜挺直）目视出步方向。（图 61–4）

图 61–3

图 61–4

5. 重心前移，腰略向左转，带动左脚踏平。同时，左臂内旋，由合转开，在身前屈臂坐掌侧立，与出步方向一致。右臂随身而动，位置不变。（图 61–5）

图 61-5

6.重心继续前移，弓出左腿，完成弓步。同时，左臂伸开，由后向前，直线击出，手臂将近与肩平。右臂随身而动，位置不变。保持身法正直。目视出掌方向。（图 61-6）

图 61-6

六十二、玉女穿梭

之一

1. 重心后移，使左脚掌微离地面。腰身右转带动，以左脚跟为轴，将左脚向内扣回，（约 135 度）为斜方向。同时，左臂外旋，逐渐屈臂平行掤回，至身前，掌心侧向内。右臂保持臂形，位置不变。头随身转观察。（图 62–1）

2. 重心左移，左脚踏平，坐实左腿。随腰右领，提右腿正前落步，脚跟着地支撑。目视前方。（图 62–2）

图 62-1

图 62-2

3. 重心前移，踏平右脚，弓出右腿坐实。同时，腰向左领，带动右臂，向外松开吊手，外旋、直伸合回。左臂外旋屈臂，置于右臂下方。两臂在身前相合，两掌心向上。（图 62-3-1、图 62-3-2）

图 62-3-1

图 62-3-2

4. 腰向右转，带动提左腿，左侧前方上步，脚跟着地支撑。同时，左臂随腰，向外打开掤出，掌心侧向上。右臂坠肘屈回，在身前右侧打开，掌心向里，掌形直伸。目视出步方向。（图 62–4–1、图 62–4–2）

图 62–4–1

图 62–4–2

5. 重心前移，腰向左转至出步方向，落胯，身略带前倾，左脚踏平，弓出左腿，完成弓步。同时，左臂随腰内旋，平坐掌屈臂掤起，至头部上方，中线附近，掌心朝外。右臂内旋坐掌侧立，由后向前，直线伸开击出。目视出掌方向。（图 62–5）

图 62–5

之二

6. 重心后移，使左脚掌微离地面。同时，两臂平坐掌，屈臂沉下，左臂在外，右臂对应左臂腕、肘之间。两臂将近与肩平，两掌心向下。（图 62–6–1、图 62–6–2）

图 62–6–1

图 62–6–2

7.腰身向右转，带动左脚跟为轴，向内扣回至正前方，（约135度）同时，两臂在身前两侧，坐掌平环，打开，左右均衡。头随身转，目视前方。（图62-7-1、图62-7-2）

图 62-7-1

图 62-7-2

8. 重心左移，踏平左脚，坐实左腿。同时，腰向左领，带动两臂身前相合。右臂，外旋平屈，合回在左臂下方。左臂外旋直伸，合回在上方，将近与肩平。两掌心向上。（图 62-8-1、图 62-8-2）

图 62-8-1

图 62-8-2

9. 转腰向右，带动提右腿，向右后侧，斜方向落步，脚跟着地支撑。同时，右臂随腰向外掤出，掌心侧向上。左臂坠肘屈回，在身前左侧，打开，掌心向内。目视出步方向。（图 62–9–1、图 62–9–2）

图 62–9–1

图 62–9–2

10. 重心前移，腰向右转至出步方向，落胯，身略前倾。右脚踏平，弓出右腿，完成弓步。左脚以脚跟为轴，顺势扣回，为正方向，踏平。同时，右臂内旋屈臂，平坐掌掤起，至头部上方，中线附近，掌心朝外。左臂内旋坐掌侧立，由后向前，直线伸开击出。目视出掌方向。（图 62-10-1、图 62-10-2）

图 62-10-1

图 62-10-2

之三

11. 重心后移，坐实左腿。同时，两臂平坐掌，屈臂沉下，右臂在外，将近与肩平。左臂对应右臂腕、肘之间，两掌心向下。（图 62–11–1、图 62–11–2）

图 62-11-1

图 62-11-2

12. 腰身向左领，提右腿正前方落步，脚跟着地支撑，两臂相随，位置不变。（图 62–12）

图 62-12

13. 重心前移，右脚踏平，弓出右腿坐实。同时，腰向左领，带动两臂身前相合。右臂外旋伸开，合回。左臂外旋，屈臂合回在右臂下方。两掌心朝上。（图 62–13–1、图 62–13–2）

图 62-13-1

图 62-13-2

14. 腰向右转，带动提左腿，左侧前方上步，脚跟着地支撑。同时，左臂随腰，向外打开掤出，掌心侧向上。右臂坠肘屈回，在身前右侧打开，掌心向里，掌形直伸。目视出步方向。（图 62-14-1、图 62-14-2）

图 62-14-1

图 62-14-2

15. 重心前移，腰向左转至出步方向，落胯，身略带前倾，左脚踏平，弓出左腿，完成弓步。同时，左臂随腰内旋，平坐掌屈臂掤起，至头部上方，中线附近，掌心朝外。右臂内旋坐掌侧立，由后向前，直线伸开击出。目视出掌方向。（图 62–15–1、图 62–15–2）

图 62-15-1

图 62-15-2

之四

16. 重心后移，使左脚掌微离地面。同时，两臂平坐掌，屈臂沉下，左臂在外，右臂对应左臂腕、肘之间。将近与肩平，两掌心向下。（图 62-16-1、图 62-16-2）

图 62-16-1

图 62-16-2

17. 腰身向右转，带动左脚跟为轴，向内扣回至正前方，（约 135 度）同时，两臂在身前两侧，坐掌平环，打开，左右均衡。头随身转，目视前方。（图 62–17）

18. 重心左移，踏平左脚，坐实左腿。同时，腰向左领，带动两臂身前相合。右臂，外旋平屈，合回在左臂下方。左臂外旋直伸，合回在上方，将近与肩平。两掌心向上。（图 62–18）

图 62–17

图 62–18

19. 转腰向右，带动提右腿，向右后侧，斜方向落步，脚跟着地支撑。同时，右臂随腰向外掤出，掌心侧向上。左臂坠肘屈回，在身前，左侧打开，掌心向内。目视出步方向。（图 62–19）

图 62–19

20. 重心前移，腰向右转至出步方向，落胯，身略前倾。右脚踏平，弓出右腿，完成弓步。左脚以脚跟为轴，顺势扣回，为正方向，踏平。同时，右臂内旋屈臂，平坐掌掤起，至头部上方，中线附近，掌心朝外。左臂内旋坐掌侧立，由后向前，直线伸开击出。目视出掌方向。（图 62-20-1、图 62-20-2）

图 62-20-1

图 62-20-2

六十三、揽雀尾

左掤

1. 重心后移，腰向左领，使右脚掌微离地面。同时，右臂坐掌沉下，将近与肩平。左臂外旋屈臂收回，掤在胸前，掌心侧向内，对应右臂腕、肘之间。（图 63–1–1、图 63–1–2）

图 63-1-1

图 63-1-2

2. 随腰向左转，带动右脚跟为轴，向内扣回至右侧斜方向。同时，右臂随身而动，左臂逐渐下沉至腹前。头随身转，注意观察。（图 63-2）

图 63-2

3. 重心右移，右脚踏平，右腿坐实，腰向右转。带动提左腿，左侧正前方上步，脚跟着地支撑。同时，两臂在身前，中线附近相合，右臂在上伸开，与出步方向一致，掌心侧向下。左臂屈臂相合，掌心侧向上。目视出步方向。（图 63–3–1、图 63–3–2）

图 63–3–1

图 63–3–2

4. 重心前移，腰向左转，左脚踏平，弓出左腿，完成弓步。同时，左臂随腰伸开，由下向上掤起，直伸臂形，掌心侧向内。右臂随即内侧平坐掌，下按在右胯前，对应左臂。保持上身正直，目视左前方。（图 63-4-1、图 63-4-2）

图 63-4-1

图 63-4-2

右掤

5 重心右移，左脚掌微离地面。随腰向右转，带动左脚跟为轴，向内扣回，变斜方向。两臂保持臂形，随身而动。（图 63-5-1、图 63-5-2）

图 63-5-1

图 63-5-2

6. 重心左移，左脚踏平，腰向左转，坐实左腿，随腰带动，提右腿正前方上步（大致与肩同宽），脚跟着地支撑。同时，左臂内旋微屈，随腰打开，掌心向下，将近与肩平。右臂随腰，外旋屈臂掤回，掌心侧向上。两臂随上步相合，在身前中线附近，右臂在下。目视出步方向。（图 63–6–1、图 63–6–2）

图 63-6-1

图 63-6-2

7. 重心前移，腰向右领，右脚踏平，弓出右腿，完成弓步。同时，右臂随腰带动，由下向上，屈臂掤起，在身前呈弧形，掌心侧向内，将近与肩平。左臂经右臂腕、肘之间，收回坐掌，按在右臂下方，距离约一拳。目视前方。（图 63-7-1、图 63-7-2）

图 63-7-1

图 63-7-2

捋

8. 重心不动，步形不变，腰向右转，带动右臂内旋，屈臂坐掌打开，掌心侧向外。左臂外旋，保持屈臂，掌形转为直伸，对应右臂腕、肘之间不变，掌心侧向内。头随身转观察。（图 63-8-1、图 63-8-2）

图 63-8-1

图 63-8-2

9. 重心回移，腰向左转，两腿保持稳定支撑，左实右虚。两臂保持相对位置不变，由右向左，由上往下，捋回左侧。左臂为开，右臂伸开为合。目视左侧前方向。（图 63-9-1、图 63-9-2）

图 63-9-1

图 63-9-2

挤

10 重心略沉，腰向右领，带动右臂外旋，掌形直伸，屈回提臂，将近与肩平。左臂随腰内旋坐掌，以掌心贴于右小臂内侧（离开掌跟约一寸），两臂身前相合，对应身体中线。（图 63-10-1、图 63-10-2）

图 63-10-1

图 63-10-2

11 重心前移，腰身向前推进，右腿弓出，完成弓步。合两臂，随腰身，向前直线推送，力点与出步方向一致，目视前方。（图 63-11-1、图 63-11-2）

图 63-11-1

图 63-11-2

按

12 重心不动，腰向右转至正前，带动两臂内旋，向前伸开，与肩同宽，两臂平行，掌心向下，直中含曲。（图 63-12-1、图 63-12-2）

图 63-12-1

图 63-12-2

13 撤回重心，向下略沉，坐实左腿，保持支撑。同时，两臂坠肘屈臂，收回在胸前，保持平行，坐两掌，掌心朝前。（图 63–13–1、图 63–13–2）

图 63–13–1

图 63–13–2

14 随重心前移，腰身向前推进，弓出右腿，完成弓步。两臂随腰，直线向前伸开推出，保持平行，两掌心向前。目视出掌方向。（图 63-14-1、图 63-14-2）

图 63-14-1

图 63-14-2

六十四、单鞭

1. 重心后移，右脚掌微离地面，左实右虚。同时，落平两掌，掌心向下。（图 64-1）

图 64-1

2. 随转腰向左带动，右腿合胯向内，以右脚跟为轴，向内侧扣回，（约 135 度）变斜方向。同时，带动两臂在身前平环，打开。左臂向内平坐掌，由合转开，平环。右臂由开转合，平环。随后平坐两掌，向内屈回两小臂。（图 64-2-1、图 64-2-2）

图 64-2-1

图 64-2-2

3. 重心右移，腰向右转，踏平右脚，坐实右腿。左脚以脚掌为轴，自然摆顺。同时，随腰向右侧，平环送出两臂。左臂由开转合，平坐掌掤在胸前。右臂由合转开，送出，臂形直伸，掌心向下。目视右臂前方。（图 64–3）

图 64–3

4.腰向左领，带动开胯配合，提左腿，左侧正前方落步，脚跟着地支撑。同时，左臂外旋，变直伸掌形，屈臂掤在胸前，掌心侧向内。右臂垂下手腕，以拇指为中心拢回五指，勾吊手，指尖向下，右臂略高（右臂特殊，自然伸开，不宜挺直）。目视出步方向。（图 64–4）

图 64–4

5. 重心前移，腰略向左转，带动左脚踏平。同时，左臂内旋，由合转开，在身前屈臂坐掌侧立，与出步方向一致。右臂随身而动，位置不变。（图 64–5）

图 64–5

6. 重心继续前移，弓出左腿，完成弓步。同时，左臂伸开，由后向前，直线击出，手臂将近与肩平。右臂随身而动，位置不变。保持身法正直。目视出掌方向。（图 64–6）

图 64–6

六十五、左右云手（之一）

1. 重心后移，使左脚掌微离地面，随腰扣回至正前。腰身向右，转至右侧（约 45 度方向），保持支撑。同时，带动左臂向内合回，屈臂平坐掌，掤在身前，寓上意。右臂合在身前右侧，位置不变。目视右臂前方。（图 65-1）

图 65-1

2. 重心左移，左脚踏平，腰身向左，转至左侧（约45度方向）。同时，带动左臂由合转开，向下沉，坐掌採出，掌心向外。右臂松吊手，屈臂走下弧，掤在右侧身前，掌心向内。两腿保持支撑。目视左臂前方。（图65-2）

3. 坐实左腿，收回右脚，大致与肩同宽，足尖朝前踏平，踩马步支撑。（图65-3）

图 65-2

图 65-3

4. 重心右移，腰身向右转至正前。同时，右臂合回，由下向上，外旋屈臂掤至胸前，掌心侧向内。左臂随腰内旋沉下，肘向外撑，落下左掌，手臂直伸略带弧形，掌心向后，沉在左侧身前。目视前方。（图 65–4）

5. 腰向右转至侧面（右侧约 45 度方向），带动重心右移，马步左虚右实。同时，右臂随转腰，由合转开，逐渐内旋，坐掌侧立，由下往上，由上向下，走立圆弧形，伸开采出。掌心侧向外。左臂随身而动，臂形不变，随腰带在身前，掌心向内，身体中线附近。（图 65–5）

图 65–4

图 65–5

六十六、左右云手（之二）

1. 重心继续右移，坐实右腿。提左腿横向，平行跨步，比肩略宽，脚内侧着地支撑。同时，右臂逐渐内旋，转直伸臂形，直中含曲，在身前，沿立圆线路，开始下行，掌心向内。左臂逐渐外旋开始提起。头随身转，看主手方向。（图 66-1）

2. 重心左移，左脚踏平。腰身向左转至正前，马步左右均衡。同时，左臂外旋，屈臂呈弧形，由下向上，掤起至胸前，掌心侧向内。右臂保持臂形，沉下在身前右侧，掌心向后。（图 66-2）

图 66-1

图 66-2

3. 重心继续左移，腰身继续转至左侧（左侧大约 45 度方向），马步变左实右虚。同时，左臂逐渐内旋，坐掌侧立，由合转开，由下往上，由上向下，走立圆弧形，伸开采出。右臂随腰身，臂形不变，带在身前，中线附近。（图 66–3）

4. 移重心坐实左腿，横向平行收回右脚，大致与肩同宽，内侧着地支撑。左臂逐渐内旋，转直伸臂形，直中含曲，在身前，沿立圆，开始下行。右臂逐渐外旋屈臂，开始提起。（图 66–4）

图 66–3

图 66–4

5. 重心右移，右脚踏平，腰身向右转至正前，马步左右均衡。同时，右臂外旋，屈臂呈弧形，由下向上，掤起至胸前，掌心侧向内。左臂保持臂形，沉下在身前左侧，掌心向后。（图 66-5）

6. 腰向右转至侧面（右侧约 45 度方向），带动重心右移，马步左虚右实。同时，右臂随转腰，由合转开，逐渐内旋，坐掌侧立，由下往上，由上向下，走立圆弧形，伸开采出。掌心侧向外。左臂随身而动，臂形不变，随腰带在身前，掌心向内，身体中线附近。（图 66-6）

图 66-5

图 66-6

六十七、左右云手（之三）

1. 重心继续右移，坐实右腿。提左腿横向，平行跨步，比肩略宽，脚内侧着地支撑。同时，右臂逐渐内旋，转直伸臂形，直中含曲，在身前，沿立圆线路，开始下行，掌心向内。左臂逐渐外旋开始提起。头随身转，看主手方向。（图 67-1）

2. 重心左移，左脚踏平。腰身向左转至正前，马步左右均衡。同时，左臂外旋，屈臂呈弧形，由下向上，掤起至胸前，掌心侧向内。右臂保持臂形，沉下在身前右侧，掌心向后。（图 67-2）

图 67-1

图 67-2

3. 重心继续左移，腰身继续转至左侧（左侧大约45度方向），马步变左实右虚。同时，左臂逐渐内旋，坐掌侧立，由合转开，由下往上，由上向下，走立圆弧形，伸开採出。右臂随腰身，臂形不变，带在身前，中线附近。（图67–3）

图 67–3

4. 坐实左腿，随腰向左领，带动右腿横带半步，向内扣回，为斜方向，踏平支撑。（图 67–4）

5. 重心右移，保持支撑，腰向右转，带动右臂屈臂外旋，掤起后送出，在身前右侧打开，臂形直伸，掌心向下。左臂随腰屈臂掤起至胸前。目视右臂前方。（图 67–5）

图 67-4

图 67-5

六十八、单鞭

1. 坐实右腿，左脚自然摆顺。随即腰向左领，带动开胯，提左腿正前上步，脚跟着地支撑。同时，右臂垂下手腕，以拇指为中心，拢回五指，勾吊手，指尖朝下。左臂掤在胸前，掌心侧向内。目视出步方向。（图 68–1）

2. 重心前移，腰略向左转，带动左脚踏平。同时，左臂内旋，由合转开，在身前屈臂坐掌侧立，与出步方向一致。右臂随身而动，位置不变。（图 68–2）

图 68–1

图 68–2

3. 重心继续前移，弓出左腿，完成弓步。同时，左臂伸开，由后向前，直线击出，手臂将近与肩平。右臂随身而动，位置不变。保持身法正直。目视出掌方向。（图 68-3）

图 68-3

六十九、下势

1. 重心不动，随腰向右领，带动右脚，以脚跟为轴向外侧打开，变斜方向，保持步法，支撑稳定、自然。两臂随身而动。（图 69-1）

图 69-1

2. 重心后移、下沉，顺足尖方向，屈右腿下蹲，保持左脚踏平，两腿支撑稳定、舒适。带动左臂坠肘屈回后，落下左掌，掌心向外，指尖朝前。右臂保持，相对不动。目视左脚前方。（图 69-2）

图 69-2

3. 重心前移、上行，弓出左腿，形成弓步。分虚实后，随腰向左领，以右脚跟为轴将右脚向内，扣回至斜方向踏平。同时，左臂由后向前，穿出后内旋坐掌侧立。右臂随身而动，位置相对不变。目视前方。回到单鞭定式位置。（图 69-3、图 69-4）

图 69-3

图 69-4

七十、右金鸡独立

1. 重心后移，使左脚掌微离地面。腰身左领，带动左脚向外侧打开，变斜方向。两臂随身而动，位置相对不变。（图 70–1）

2. 重心前移，左脚踏平，弓出左腿。同时，左臂内旋，平屈带回，掌心向下。右臂松吊手沉下，坐掌屈臂。（图 70–2）

图 70–1

图 70–2

3. 坐实左腿，借脚下蹬，腰向左领，提右腿屈膝站立，足尖自然垂下（略绷）。同时，左臂坐掌下按，在左胯旁，掌心向下，指尖朝前。右臂随提腿，坐掌侧立，直接屈臂，托起于面前，与右腿相呼应。目视提腿前方。（图 70-3-1、图 70-3-2）

图 70-3-1

图 70-3-2

七十一、左金鸡独立

1. 降低重心，左腿屈膝下蹲。腰向右领，落胯向后撤步，脚掌落为斜方向，踏平支撑。（图 71-1-1、图 71-1-2）

图 71-1-1

图 71-1-2

2. 撤回重心，腰向右转，坐实右腿。同时，右臂内旋平屈带回，掌心向下。左臂外旋在下方，屈臂坐掌侧立。（图 71–2）

3. 右脚下蹬，随腰领，提左腿屈膝站立，足尖自然垂下（略绷）。同时，左臂由下向上，直接坐掌托起，与左腿相对应。右臂坐掌下按，在右胯旁，掌心向下，指尖朝前。目视提腿前方。（图 71–3）

图 71–2

图 71–3

七十二、右倒撵猴

1. 保持站姿，腰向右领，带动右臂，外旋坐掌，走下弧往上环，在身前右侧，坐掌侧立。左臂同时外旋平伸，掌心向上。（图 72–1）

2. 降低重心，右腿屈膝下蹲。落胯腰向左领，左腿往后撤步，脚掌着地，落斜方向，踏平支撑。同时，左臂随身，位置不变。右臂坐掌屈回侧立。（图 72–2）

图 72-1

图 72-2

3. 重心继续后移，坐实左腿，右脚以脚跟为轴，蹬回摆正脚，踏平，完成虚实步形。同时，左臂坠肘屈臂沉下，走下弧，挎回在左胯旁，掌心向上，指尖朝前。右臂随腰，由后向前，坐掌侧立，直线击出。目视出掌方向。（图 72-3-1、图 72-3-2）

图 72-3-1

图 72-3-2

七十三、左倒撵猴

1. 重心略沉，步形不变，保持支撑，腰向左领。同时，带动左臂走下弧环出，坐掌提起至身前左侧，将近与肩平，掌心向外。右臂外旋伸出，变掌心向上。头随身转，目视右臂前方。（图 73–1–1、图 73–1–2）

图 73–1–1

图 73–1–2

2. 撤回重心，坐实左腿，腰身向右至正前，提右腿直接向后撤步，脚掌落地为斜方向，踏平支撑。同时，左臂坠肘屈回，坐掌侧立。右臂随身而动，臂形不变。（图 73-2-1，73-2-2）

图 73-2-1

图 73-2-2

3. 重心继续后移，坐实右腿，左脚以脚跟为轴，蹬回，摆正脚踏平，完成虚实步形。同时，右臂坠肘屈臂沉下，走下弧，挎回在右胯旁，掌心向上。左臂随腰，由后向前，坐掌侧立，直线击出。目视出掌方向。（图 73–3）

图 73–3

七十四、右倒撵猴

1. 重心略沉，步形不变，保持支撑，腰向右领。同时，带动右臂走下弧环出，坐掌提起至身前右侧，将近与肩平，掌心向外。左臂外旋伸出，变掌心向上，指尖朝前。头随身转，目视左臂前方。（图 74–1）

2. 撤回重心，坐实右腿。转腰向左至正前，带动左腿直接向后撤步，脚掌落地为斜方向，踏平支撑。同时，右臂坠肘屈回，坐掌侧立。左臂随身而动，臂形不变。（图 74–2）

图 74–1

图 74–2

3.重心继续后移，坐实左腿，右脚以脚跟为轴，蹬回，摆正脚踏平，完成虚实步形。同时，左臂坠肘屈臂沉下，走下弧，挎回在左胯旁，掌心向上。右臂随腰，由后向前，坐掌侧立，直线击出。目视出掌方向。（图 74-3-1、图 74-3-1）

图 74-3-1

图 74-3-2

七十五、斜飞式

1. 重心后移，腰向左领，逐渐坐实左腿。同时，带动两臂下行。随后，左臂内旋，向外平环，变掌心向下。右臂沉下，屈臂变掌心向内。两臂在身前两侧打开。（图 75-1-1、图 75-1-2）

图 75-1-1

图 75-1-2

2. 腰向右转，提右腿，开胯配合，向右后侧斜方向迈步，落地脚跟支撑。同时，带动屈两臂在身前相合，左臂在上，将近与肩平。右臂在下，掌心侧向上。（图 75-2）

3. 重心前移，腰身继续右转，带动右脚踏平，弓出右腿。左脚以脚跟为轴，随腰向内扣回至正方向（约 135 度），踏平，完成弓步。同时，右臂伸开，由内向外，由下往上，横向挪出，掌心侧向上，与右腿上下相呼应。左臂坐掌直接下按，在左胯前，掌心向下与右臂呼应。头随身转，目视右臂前方。（图 75-3）

图 75-2

图 75-3

七十六、提手上势

1. 重心前移，坐实右腿，左脚微离地面。随转腰左领，带动左脚步形略向内靠，足尖落为斜方向，踏平支撑。两臂位置不变，随身而动。（图 76–1）

2. 重心后移，腰身保持向前，坐实左腿。同时，右臂坠肘外旋，坐掌侧立屈回，在身前右侧。左臂保持坐掌，屈臂提起打开，在身前左侧，略低。目视前方。（图 76–2）

图 76–1

图 76–2

3. 腰身转向左侧，带动提右腿正前上步，脚跟着地，脚掌微离地面，形成支撑，完成虚实步形。同时，随腰带动两臂身前相合。右臂伸开，坐掌侧立，向内合回至面前，身体中线附近。左臂外旋合回，对应右臂腕、肘之间下方，掌心侧向内。目视出手前方。（图 76-3）

图 76-3

七十七、白鹤亮翅

1. 重心略沉，步形不变，腰向左领。同时带动两臂下行。左臂外旋，掌心向上，右臂内旋，掌心向下，走立圆下弧。（图 77–1）

2. 撤回重心，坐实左腿，随后腰向左转至正前，带动右脚离地，向内侧扣回，变斜方向，脚跟着地支撑。同时，右手屈臂，肘尖外撑，呈弧形掤在腹前，掌心向上。左臂内旋，由外向内，走平圆合回在腹前，右臂上方，内侧平坐掌，掌心向下。头随身转，看向前方。（图 77–2）

图 77–1

图 77–2

3. 重心右移，右脚踏平，弓出右腿，保持支撑。同时右臂逐渐内旋，经左臂外侧上行，左臂逐渐下按。（图 77–3）

4. 坐实右腿，腰身方向不变，收回左脚，正前落步，脚掌着地，脚跟微离地面，形成支撑，完成虚实步形。同时，右臂继续内旋，经面前屈臂平坐掌，掤在头部上方，掌心朝前。左臂继续坐掌下按，落于左胯旁，掌心朝下，指尖向前。落胯身略前倾。目视前方。（图 77–4）

图 77–3

图 77–4

七十八、左搂膝拗步

1. 重心略沉，步形不变，左臂坠肘外旋，屈小臂坐掌侧立，右臂外旋，臂形直伸，变掌心向内。（图 78–1–1、图 78–1–2）

图 78–1–1

图 78–1–2

2. 保持支撑，腰向右转，同时，带动右臂，环立圆弧线下行（以肩为圆心），在下方坐掌侧立，提臂上行，环至身前右侧，将近与肩平，臂形直中含曲，掌心向外。左臂随腰走上弧，掤按在胸前，向内平坐掌，掌心向下，略高于肘。头随身转，目视右臂前方。（图 78-2）

3. 撤回重心，坐实右腿，腰向左领，提左腿正前落步，脚跟着地支撑。环好两臂，目视出步方向。（图 78-3）

图 78-2

图 78-3

4. 重心前移，左脚踏平，腰身向左转动一半，带动左臂，由内向外，由合转开，向前往外环出，至弓腿前方，臂形直伸，直中含曲，掌心向下。右臂随身而动，坠肘屈回，坐掌侧立。（图 78-4）

图 78-4

5. 重心继续前移，腰身向左转至正前，弓出左腿，完成弓步。同时，左臂坠肘，坐掌下按至左膝旁，掌心向下，指尖朝前。右臂随腰，保持掌形，直线向前击出，与弓腿方向一致。目视出掌方向。（图 78–5–1、图 78–5–2）

图 78–5–1

图 78–5–2

七十九、海底针

1. 重心前移，坐实左腿，提右腿向内略靠，足尖方向不变，落平踩稳。同时，右臂外旋，转直伸臂形，略向下沉。左臂相对不动。（图 79-1-1、图 79-1-2）

图 79-1-1

图 79-1-2

2. 重心后移，腰身向右转至侧面，屈右膝坐实右腿，左脚以脚跟配合蹬回后，变前脚掌着地支撑，虚实步形。同时，右臂随腰，走立圆弧形线路，由合转开，由下向上，由前往后，外侧坐腕屈臂提起。左臂呼应，变直伸臂形，向前伸出。（图 79–2）

图 79–2

3. 步形不变，重心下沉，腰向左转至正前，折腰向下。同时，左臂坠肘，坐掌下按至左膝旁，掌心向下，指尖朝前。右臂伸开，保持掌形，随腰直接沉下，与左腿方向平行。目视出掌方向。（图 79-3-1、图 79-3-2）

图 79-3-1

图 79-3-2

八十、扇通臂

1. 步形不变，两脚下蹬，随腰右领，抬起上身。同时，两臂随之提起。右臂内旋直伸，提臂至头部上方。左臂外旋，提起相随，坐掌搭在右小臂外侧腕、肘之间。（图 80-1-1、图 80-1-2）

图 80-1-1

图 80-1-2

2. 撤回重心，坐实右腿，提左腿正前上步，脚跟着地支撑，随即重心前移，腰向右领带动，弓出左腿，完成弓步。同时，右手屈臂，顺势带回至额角旁，掌心向外。左臂坐掌侧立伸开，向前直线击出，将近与肩平。上身正直，目视出掌前方。（图 80-2-1、图 80-2-2）

图 80-2-1

图 80-2-2

八十一、转身白蛇吐信

1. 重心后移，使左脚掌微离地面，腰向右转，合胯带动，左脚以脚跟为轴，向内扣回至斜方向（约 135 度）。同时，右臂外旋，坐掌下按至腹前。左臂平坐掌，屈臂走上弧，掤在身前，头部上方，身体中线附近。两臂上下对应。头随身转观察。（图 81–1）

2. 重心左移，坐实左腿，右脚随即摆顺。右臂握拳，内侧坐腕拳向下行。（图 81–2）

图 81-1

图 81-2

3. 随转腰向右带动，提右腿正前落步，脚跟着地支撑，随即踏平。同时，右臂由下往上，由后向前，走立圆弧形线路，拳背为力点，向前击出，随即松拳变掌。左臂随身而动，直接坠肘屈臂沉下，坐掌侧立。目视出掌方向。（图81-3-1、图81-3-2）

图 81-3-1

图 81-3-2

4. 重心不停继续前移，腰身向右转至正前，弓出右腿，完成弓步。同时，右臂随腰，走下弧，坠肘屈臂沉下，挎回至右胯旁，拳心向上。左臂随腰，坐掌侧立，直线向前击出。目视出掌方向。（图 81–4）

图 81–5

八十二、进步搬拦捶

1. 重心后移，腰向左领。带动右臂，内旋坐掌侧立，由后向前搭出。左臂外旋，坠肘屈臂带回，左掌对应右臂腕、肘之间做搬状。目视两臂前方。（图 82–1）

2. 重心下沉，腰向左转。带动两臂，由上向下，由右往左，走下弧，俯腕下搬。（图 82–2）

图 82–1

图 82–2

3. 撤回重心，坐实左腿，提右腿略收，落地为斜方向，脚跟着地支撑。同时，左臂下方坐掌，掤臂提起，在身前左侧，掌心向外。右臂内旋，提臂至腹前，握拳向下坐腕，拳背向上。目视左臂前方。（图 82–3）

4. 重心继续前移，腰向右转至正前，右脚踏平，屈膝弓出右腿，保持支撑。带动右臂，由合转开，由下往上，走弧形，翻腕搬出。左手坐掌，坠肘屈臂，由开转合相随，带在身前。目视前方。（图 82–4）

图 82-3

图 82-4

5. 重心前移，坐实右腿，转腰向右，带动提左腿，正前上步，脚跟着地支撑。同时，右臂坠肘，屈臂挎回右拳至右胯旁，拳心向上。左臂坐掌侧立，顺势推出。目视出掌方向。（图 82-5-1、图 82-5-2）

图 82-5-1

图 82-5-2

6. 重心前移，腰向左转至正前，带动左脚踏平，弓出左腿，完成弓步。同时，右臂随腰内旋，屈臂，由后向前，直线击出，拳面向前。左臂坐掌侧立，坠肘屈回相拦，呼应于右臂腕、肘之间，左臂略高。落胯，身法略带前倾。目视出拳方向。（图 82-6）

图 82-6

八十三、上步揽雀尾

1. 重心后移，使左脚掌微离地面。腰向左领，带动左脚跟为轴，向外打开，为斜方向，保持支撑。同时，左臂外旋伸开，右臂内旋略屈，在身前两侧，掤臂打开。两臂将近与肩平，左掌心侧向上，右拳心侧向下。（图 83-1、图 83-1 正面）

图 83-1

右棚

2. 重心前移，腰向左转，带动左脚踏平，弓出左膝。同时，左臂内旋略屈，变掌心向下。右臂环下弧，逐渐松拳变掌。（图 83-2-1、图 83-2-2）

图 83-2-1

图 83-2-2

3. 随腰继续左转，坐实左腿，提右腿正前方上步（大致与肩同宽），脚跟着地支撑。同时，右臂随腰，外旋屈臂掤回，掌心侧向上。两臂随上步相合，在身前中线附近，右臂在下。目视出步方向。（图 83–3）

4. 重心前移，腰向右领，右脚踏平，弓出右腿，完成弓步。同时，右臂随腰带动，由下向上，屈臂掤起，在身前呈弧形，掌心侧向内，将近与肩平。左臂经右臂腕、肘之间，收回坐掌，按在右臂下方，距离约一拳。目视前方。（图 83–4）

图 83-3

图 83-4

捋

5. 重心不动，步形不变，腰向右转，带动右臂内旋，屈臂坐掌打开，掌心侧向外。左臂外旋，保持屈臂，掌形转为直伸，对应右臂腕、肘之间不变，掌心侧向内。头随身转观察。（图 83-5-1、图 83-5-2）

图 83-5-1

图 83-5-2

6. 重心回移，腰向左转，两腿保持稳定支撑，左实右虚。两臂保持相对位置不变，由右向左，由上往下，捋回左侧。左臂为开，右臂伸开为合。目视左侧前方向。（图 83-6-1、图 83-6-2）

图 83-6-1

图 83-6-2

挤

7. 重心略沉，腰向右领，带动右臂外旋，掌形直伸，屈回提臂，将近与肩平。左臂随腰内旋坐掌，以掌心贴于右小臂内侧（离开掌跟约一寸），两臂身前相合，对应身体中线。（图 83-7-1、图 83-7-2）

图 83-7-1

图 83-7-2

8. 重心前移，腰身向前推进，右腿弓出，完成弓步。合两臂，随腰身，向前直线推送，力点与出步方向一致，目视前方。（图 83-8-1、图 83-8-2）

图 83-8-1

图 83-8-2

按

9. 重心不动，腰向右转至正前，带动两臂内旋，向前伸开，与肩同宽，两臂平行，掌心向下，直中含曲。（图 83-9-1、图 83-9-2）

图 83-9-1

图 83-9-2

10. 撤回重心，略向下沉，坐实左腿，保持支撑。同时，两臂坠肘屈回，收回在胸前，保持平行，坐两掌，掌心朝前。（图 83-10-1、图 83-10-2）

图 83-10-1

图 83-10-2

11. 随重心前移，腰身向前推进，弓出右腿，完成弓步。两臂随腰，直线向前伸开推出，保持平行，两掌心向前。目视出掌方向。（图 83–11–1、图 83–11–2）

图 83-11-1

图 83-11-2

八十四、单鞭

1. 重心后移，右脚掌微离地面，左实右虚。同时，落平两掌，掌心向下。（图 84–1）

图 84–1

2. 随转腰向左带动，右腿合胯向内，以右脚跟为轴，向内侧扣回（约 135 度），变斜方向。同时，带动两臂在身前平环，打开。左臂向内平坐掌，由合转开，平环。右臂由开转合，平环。随后平坐两掌，向内屈回两小臂。（图 84-2-1、图 84-2-2）

图 84-2-1

图 84-2-2

3. 重心右移，腰向右转，踏平右脚，坐实右腿。左脚以脚掌为轴，自然摆顺。同时，随腰向右侧，平环送出两臂。左臂由开转合，平坐掌掤在胸前。右臂由合转开，送出，臂形直伸，掌心向下。目视右臂前方。（图 84-3）

4. 腰向左领，带动开胯配合，提左腿，左侧正前方落步，脚跟着地支撑。同时，左臂外旋，掌形直伸，屈臂掤在胸前，掌心侧向内。右臂垂下手腕，以拇指为中心拢回五指，勾吊手，指尖向下，右臂略高（右臂特殊，自然伸开，不宜挺直）。目视出步方向。（图 84-4）

图 84-3

图 84-4

5. 重心前移，腰略向左转，带动左脚踏平。同时，左臂内旋，由合转开，在面前屈臂坐掌侧立，与出步方向一致。右臂随身而动，位置不变。（图 84–5）

图 84–5

6. 重心继续前移，弓出左腿，完成弓步。同时，左臂伸开，由后向前，直线击出，手臂将近与肩平。右臂随身而动，位置不变。保持身法正直。目视出掌方向。（图 84–6）

图 84–6

八十五、左右云手（之一）

1. 重心后移，使左脚掌微离地面，随腰扣回至正前。腰身向右，转至右侧（约 45 度方向）。保持支撑。同时，带动左臂向内合回，屈臂平坐掌，掤在身前，寓上意。右臂合在身前右侧，位置不变。目视右臂前方。（图 85–1）

2. 重心左移，左脚踏平，腰身向左，转至左侧（约 45 度方向）。同时，带动左臂由合转开，向下沉，坐掌採出，掌心向外。右臂松吊手，屈臂走下弧，掤在右侧身前，掌心向内。两腿保持支撑。目视左臂前方。（图 85–2）

图 85–1

图 85–2

3. 坐实左腿，收回右脚，大致与肩同宽，足尖朝前踏平，踩马步支撑。（图 85-3）

图 85-3

4. 重心右移，腰身向右转至正前。同时，右臂合回，由下向上，外旋屈臂掤至胸前，掌心侧向内。左臂随腰内旋沉下，肘向外撑，落下左掌，手臂直伸略带弧形，掌心向后，沉在左侧身前。目视前方。（图 85–4）

5. 腰向右转至侧面（右侧约45度方向），带动重心右移，马步左虚右实。同时，右臂随转腰，由合转开，逐渐内旋，坐掌侧立，由下往上，由上向下，走立圆弧形，伸开採出。掌心侧向外。左臂随身而动，臂形不变，随腰带在身前，掌心向内，身体中线附近。（图 85–5）

图 85–4

图 85–5

八十六、左右云手（之二）

1. 重心继续右移，坐实右腿。提左腿横向，平行跨步，比肩略宽，脚内侧，着地支撑。同时，右臂逐渐内旋，转直伸臂形，直中含曲，在身前，沿立圆线路，开始下行，掌心向内。左臂逐渐外旋开始提起。头随身转，看主手方向。（图 86–1）

2. 重心左移，左脚踏平。腰身向左转至正前，马步左右均衡。同时，左臂外旋，屈臂呈弧形，由下向上，掤起至胸前，掌心侧向内。右臂保持臂形，沉下在身前右侧，掌心向后。（图 86–2）

图 86–1

图 86–2

3. 重心继续左移，腰身继续转至左侧（左侧大约 45 度方向），马步变左实右虚。同时，左臂逐渐内旋，坐掌侧立，由合转开，由下往上，由上向下，走立圆弧形，伸开采出。右臂随腰身，臂形不变，带在身前，中线附近。（图 86–3）

4. 移重心坐实左腿，横向平行收回右脚，大致与肩同宽，内侧着地支撑。左臂逐渐内旋，转直伸臂形，直中含曲，在身前，沿立圆，开始下行。右臂逐渐外旋屈臂，开始提起。（图 86–4）

图 86–3

图 86–4

5. 重心右移，右脚踏平，腰身向右转至正前，马步左右均衡。同时，右臂外旋，屈臂呈弧形，由下向上，掤起至胸前，掌心侧向内。左臂保持臂形，沉下在身前左侧，掌心向后。（图 86–5）

6. 腰向右转至侧面（右侧约 45 度方向），带动重心右移，马步左虚右实。同时，右臂随转腰，由合转开，逐渐内旋，坐掌侧立，由下往上，由上向下，走立圆弧形，伸开采出。掌心侧向外。左臂随身而动，臂形不变，随腰带在身前，掌心向内，身体中线附近。（图 86–6）

图 86–5

图 86–6

八十七、左右云手（之三）

1. 重心继续右移，坐实右腿。提左腿横向，平行跨步，比肩略宽，脚内侧着地支撑。同时，右臂逐渐内旋，转直伸臂形，直中含曲，在身前，沿立圆线路，开始下行，掌心向内。左臂逐渐外旋开始提起。头随身转，看主手方向。（图 87–1）

2. 重心左移，左脚踏平。腰身向左转至正前，马步左右均衡。同时，左臂外旋，屈臂呈弧形，由下向上，掤起至胸前，掌心侧向内。右臂保持臂形，沉下在身前右侧，掌心向后。（图 87–2）

图 87–1

图 87–2

3. 重心继续左移，腰身继续转至左侧（左侧大约 45 度方向），马步变左实右虚。同时，左臂逐渐内旋，坐掌侧立，由合转开，由下往上，由上向下，走立圆弧形，伸开采出。右臂随腰身，臂形不变，带在身前，中线附近。（图 87–3）

图 87–3

4. 坐实左腿，随腰向左领，带动右腿横带半步，向内扣回，为斜方向，踏平支撑。（图 87–4）

图 87–4

5. 重心右移，保持支撑，腰向右转，带动右臂屈臂外旋，掤起后送出，在身前右侧打开，臂形直伸，掌心向下。左臂随腰屈臂掤起至胸前。目视右臂前方。（图 87–5）

图 87–5

八十八、单鞭

1. 坐实右腿，左脚自然摆顺。随即腰向左领，带动开胯，提左腿正前上步，脚跟着地支撑。同时，右臂垂下手腕，以拇指为中心，拢回五指，勾吊手，指尖朝下。左臂掤在胸前，掌心侧向内。目视出步方向。（图 88–1）

2. 重心前移，腰略向左转，带动左脚踏平。同时，左臂内旋，由合转开，在身前屈臂坐掌侧立，与出步方向一致。右臂随身而动，位置不变。（图 88–2）

图 88–1

图 88–2

3. 重心继续前移，弓出左腿，完成弓步。同时，左臂伸开，由后向前，直线击出，手臂将近与肩平。右臂随身而动，位置不变。保持身法正直。目视出掌方向。（图 88-3）

图 88-3

八十九、高探马穿掌

1. 重心后移，腰向右转，坐实右腿。提左腿向内略靠，脚掌着地。同时，右臂向外松开吊手，向内侧平坐掌，屈回右小臂，手略高于肘。左臂外旋平伸，掌心向上。目视前方。（图 89-1）

图 89-1

2. 腰向左转至正前，左脚形成支撑，完成虚实步形。同时，右臂随腰向前，平坐掌伸开，掌沿为力点，由后向前，直线击出（针对颈部）。左臂屈回沉下，带回至左腹前（掌心向上）。目视前方。（图 89-2-1、图 89-2-2）

图 89-2-1

图 89-2-2

3. 撤回重心，坐实右腿，提左腿正前上步，脚跟着地支撑。右臂略下沉，左臂逐渐提起。（图 89-3-1、图 89-3-1）

图 89-3-1

图 89-3-2

4. 重心前移，腰向右领，带动右脚踏平，弓出右腿，完成弓步。同时，左臂随腰由后向前，从右臂上方直伸穿出，掌心向上，与右腿相呼应。右臂沉在左臂下方，掌心向下。目视出掌方向。（图 89–4–1、图 89–4–2）

图 89–4–1

图 89–4–2

九十、十字腿

1. 重心后移，使左脚掌微离地面。腰向右转，带动左腿合胯，以脚跟为轴，向内扣回（约135度），变斜方向。同时，左臂逐渐坠肘屈臂，右臂逐渐外旋提起，两臂依然保持相搭。头随身转观察。（图90-1）

2. 重心左移，左脚踏平，坐实左腿。腰向右领，提右腿屈膝站立，足尖自然垂下。两臂相合，掤在身前，右臂在外，两腕相搭。目视提腿前方。（图90-2）

图 90-1

图 90-2

3. 分开两臂，内旋逐渐坐两掌侧立，由内向外，身前两侧平行打开。同时，右腿以脚掌为力点，正直向前蹬出（右腿与右臂相对应），随即屈回，垂下足尖。目视出腿方向。（图 90-3、图 90-4）

图 90-3

图 90-4

九十一、进步指裆捶

1. 降低重心，左腿屈膝下蹲，右腿正前落步，向外打开，为斜方向，脚跟着地支撑。两臂随身，位置相对不变。（图91-1）

图 91-1

2. 重心前移，腰向右领，右脚踏平，弓出右腿。同时，左臂向内合，坐掌屈臂沉下，掌心向下。右臂外旋坠肘落下，掌心向上。（图 91-2-1、图 91-2-2）

图 91-2-1

图 91-2-2

3. 坐实右腿，随腰向右转，提左腿正前上步，脚跟着地支撑。同时，带动左臂平坐掌，掤回在腹前。右臂握拳，挎回在右胯旁，拳心朝上。目视腹前。（图 91–3–1、图 91–3–2）

图 91-3-1

图 91-3-2

4. 重心前移，腰向左转，带动左脚踏平。同时，左臂随腰，由内向外、往前环出，臂形直伸，掌心向下。右臂握拳在胯旁，内旋坐拳，拳面向前。（图 91-4-1、图 91-4-2）

图 91-4-1

图 91-4-2

5. 重心继续前移，腰身转至正前，带动弓出左腿，完成弓步。同时，左臂坐掌下按，在左膝旁，掌心向下，指尖朝前。右臂坐拳，从胯旁，随腰向前直线击出，拳面向前。目视出拳方向。（图 91–5）

图 91－5

九十二、上步揽雀尾

1. 重心后移，使左脚掌微离地面。腰向左领，带动左脚跟为轴，向外打开，为斜方向，保持支撑。同时，提起两臂。左臂外旋伸开，右臂内旋略屈，在身前两侧，掤臂打开。两臂将近与肩平，左掌心侧向上，右拳心侧向下。（图 92-1-1、图 92-1-2）

图 92-1-1

右掤

2. 重心前移，腰向左转，带动左脚踏平，弓出左膝。同时，左臂内旋略屈，变掌心向下。右臂环下弧，逐渐松拳变掌。（图 92-2-1、图 92-2-2）

图 92-2-1

图 92-2-2

3. 随腰继续左转，坐实左腿，提右腿正前方上步（大致与肩同宽），脚跟着地支撑。同时，右臂随腰，外旋屈臂掤回，掌心侧向上。两臂随上步相合，在身前中线附近，右臂在下。目视出步方向。（图 92–3）

4. 重心前移，腰向右领，右脚踏平，弓出右腿，完成弓步。同时，右臂随腰带动，由下向上，屈臂掤起，在身前呈弧形，掌心侧向内，将近与肩平。左臂经右臂腕、肘之间，收回坐掌，按在右臂下方，距离约一拳。目视前方。（图 92–4）

图 92–3

图 92–4

捋

5. 重心不动，步形不变，腰向右转，带动右臂内旋，屈臂坐掌打开，掌心侧向外。左臂外旋，保持屈臂，掌形转为直伸，对应右臂腕、肘之间不变，掌心侧向内。头随身转观察。（图 92-5-1、图 92-5-2）

图 92-5-1

图 92-5-2

6. 重心回移，腰向左转，两腿保持稳定支撑，左实右虚。两臂保持相对位置不变，由右向左，由上往下，捋回左侧。左臂为开，右臂伸开为合。目视左侧前方向。（图 92-6-1、图 92-6-2）

图 92-6-1

图 92-6-2

挤

7. 重心略沉，腰向右领，带动右臂外旋，掌形直伸，屈回提臂，将近与肩平。左臂随腰内旋坐掌，以掌心贴于右小臂内侧（离开掌跟约一寸），两臂身前相合，对应身体中线。（图 92-7-1、图 92-7-2）

图 92-7-1

图 92-7-2

8. 重心前移，腰身向前推进，右腿弓出，完成弓步。合两臂，随腰身，向前直线推送，力点与出步方向一致，目视前方。（图 92-8-1、图 92-8-2）

图 92-8-1

图 92-8-2

按

9. 重心不动，腰向右转至正前，带动两臂内旋，向前伸开，与肩同宽，两臂平行，掌心向下，直中含曲。（图92-9-1、图92-9-2）

图 92-9-1

图 92-9-2

10. 撤回重心，略向下沉，坐实左腿，保持支撑。同时，两臂坠肘屈回，收回在胸前，保持平行，坐两掌，掌心朝前。（图 92-10-1、图 92-10-2）

图 92-10-1

图 92-10-2

11. 随重心前移，腰身向前推进，弓出右腿，完成弓步。两臂随腰，直线向前伸开推出，保持平行，两掌心向前。目视出掌方向。（图 92-11-1、图 92-11-2）

图 92-11-1

图 92-11-2

九十三、单鞭

1. 重心后移，右脚掌微离地面，左实右虚。同时，落平两掌，掌心向下。（图 93-1）

图 93-1

2. 随转腰向左带动，右腿合胯向内，以右脚跟为轴，向内侧扣回（约 135 度），变斜方向。同时，带动两臂在身前平环，打开。左臂向内平坐掌，由合转开，平环。右臂由开转合，平环。随后平坐两掌，向内屈回两小臂。（图 93-2-1、图 93-2-2）

图 93-2-1

图 93-2-2

3. 重心右移，腰向右转，踏平右脚，坐实右腿。左脚以脚掌为轴，自然摆顺。同时，随腰向右侧，平环送出两臂。左臂由开转合，平坐掌掤在胸前。右臂由合转开，送出，臂形直伸，掌心向下。目视右臂前方。（图 93–3）

4. 腰向左领，带动开胯配合，提左腿，左侧正前方落步，脚跟着地支撑。同时，左臂外旋，掌形直伸，屈臂掤在胸前，掌心侧向内。右臂垂下手腕，以拇指为中心拢回五指，勾吊手，指尖向下，右臂略高（右臂特殊，自然伸开，不宜挺直）。目视出步方向。（图 93–4）

图 93–3

图 93–4

5. 重心前移，腰略向左转，带动左脚踏平。同时，左臂内旋，由合转开，在面前屈臂坐掌侧立，与出步方向一致。右臂随身而动，位置不变。（图 93-5）

6. 重心继续前移，弓出左腿，完成弓步。同时，左臂伸开，由后向前，直线击出，手臂将近与肩平。右臂随身而动，位置不变。保持身法正直。目视出掌方向。（图 93-6）

图 93-5

图 93-6

九十四、下势

1. 重心不动，随腰向右领，带动右脚，以脚跟为轴向外侧打开，变斜方向，保持步法，支撑稳定、自然。两臂随身而动。（图 94–1）

图 94–1

2. 重心后移、下沉，顺足尖方向，屈右腿下蹲，保持左脚踏平，两腿支撑稳定、舒适。带动左臂坠肘屈回后，落下左掌，掌心向外，指尖朝前。右臂保持相对不动。目视左脚前方。（图 94–2）

图 94–2

3. 重心前移、上行，弓出左腿，形成弓步。分虚实后，随腰向左领，以右脚跟为轴将右脚向内，扣回至斜方向踏平。同时，左臂由后向前，穿出后内旋坐掌侧立。右臂随身而动，位置相对不变。目视前方。回到单鞭定式位置。（图 94-3-1、图 94-3-2）

图 94-3-1

图 94-3-2

九十五、上步七星

1. 重心略后移，使左脚掌微离地面，腰向左领，带动左脚跟为轴，向外打开，变斜方向。（图 95–1）

2. 重心前移，踏平左脚，坐实左腿。同时，右臂向外松开吊手，向内平坐掌，屈回小臂握拳，手略高于肘。左臂随右手同时握拳。（图 95–2）

图 95–1

图 95–2

3.腰向左转至正前，带动提右腿，正前上步，脚掌着地，形成支撑，虚实步形。同时，右臂随腰，由后向前，经左臂下方，逐渐伸开。左臂随上步，屈臂略收，与右臂手腕相搭后，双拳向前合击。左臂在上，目视前方。（图 95-3-1、图 95-3-2）

图 95-3-1

图 95-3-2

九十六、退步跨虎

1. 撤回重心，坐实左腿，腰向右领，提右腿向后撤步，落为外侧斜方向，踏平踩稳。同时，左臂不动，右臂外旋，变拳心朝上，保持相搭。（图 96–1、图 96–1 正面）

2. 重心继续后移，屈膝坐实右腿，腰向右转带动，左脚以脚跟为轴摆正。同时，左臂平坐拳，掤出，在身前。右臂坠肘，呈弧形挎回，在右胯旁，拳心朝上。目视前方。（图 96–2）

图 96–1

图 96–2

3. 调节重心，左脚变脚掌落地，形成支撑，虚实步形。腰身由右侧转至正前。同时，带动左臂，松拳坠肘下按，在左胯旁，掌心向下，指尖朝前。右臂随腰内旋，松拳屈臂坐掌，呈弧形，走立圆线路，经身前，掤至头部上方，掌心朝前。目视前方。（图 96–3–1、图 96–3–2）

图 96–3–1

图 96–3–1

九十七、转身摆莲

1. 虚实步形不变，重心略沉，带动左臂坐掌提起。右臂坐掌沉下。两臂在身前，走平圆，向内合回，将近与肩平。左臂在上，在外，向内平坐掌。右臂在下，在内，平坐掌。两掌心向下。（图 97–1–1、图 97–1–2、图 97–1–3、图 97–1–4）

图 97–1–1

图 97–1–2

图 97–1–3

图 97–1–4

2. 腰向右转，带动左脚，以脚掌为轴，向内合胯配合转动，保持支撑，右臂由内向外，掤臂平推。（图 97-2）

图 97-2

3. 腰身继续右转，重心逐渐完全移在右腿，并以右脚掌支撑，配合转动。左脚逐渐微离地面。同时，右臂外旋变侧立掌，左掌保持内侧平坐，对应右臂腕、肘之间。头随身转，向外观察。（图 97-3-1、图 97-3-2）

图 97-3-1

图 97-3-2

4. 随腰向右带动，提左腿微离地面，以右脚掌为轴，向右跨步，至右腿左侧后侧，正方向落步踏平。整体转回原方向。（图 97-4-1、图 97-4-2）

图 97-4-1

图 97-4-2

5. 重心回移，坐实左腿，屈膝沉下。借左脚下蹬，随腰右侧前方，提右腿屈膝站立，足尖自然下垂。落右掌平坐，两臂相对不动。（图 97–5–1、图 97–5–2）

图 97–5–1

图 97–5–2

6. 保持站姿，腰向右领，落下右腿，保持放松，两臂位置相对不变。（图 97–6）

图 97–6

7. 腰向左转带动右腿，由下向上往左提起。腰身随即右转，带动右腿在上方，由左向右横摆，足尖略向内勾回。同时，两臂由右往左平带，逐次拍击右脚面。摆腿后，顺势屈膝收回右腿，足尖自然垂下，保持站姿，头随身转，目视出腿方向。（图 97-7-1、图 97-7-2、图 97-7-3、图 97-7-4）

图 97-7-1

图 97-7-2

图 97-7-3

图 97-7-4

九十八、弯弓射虎

1. 降低重心，左腿屈膝下蹲，落右腿，右侧前方落步，脚跟着地支撑。目视两臂前方。（图 98-1-1、图 98-1-2）

图 98-1-1

图 98-1-2

2. 重心前移，腰向右转带动，右脚踏平。同时，两臂走立圆下弧环至右侧。右臂外旋，走下弧环至头部上方握拳，拳面向前，拳心向外。左臂相随走下弧，环至胸前握拳，拳心向内，将近与肩平。（图 98-2）

图 98-2

3. 随重心继续前移，腰身左转带动，弓出右腿，完成弓步。同时，左臂坐腕向外，随腰左侧前方，直线击出，拳面向前，拳心向外，直伸臂形。右手屈臂握拳，由开转合，直线击出至额角附近，拳面向前，拳心向外。两臂方向平行，目视出拳方向。（图 98-3-1、图 98-3-2）

图 98-3-1

图 98-3-2

九十九、进步搬拦捶

1. 重心不动，随腰左转，带动左脚，以脚跟为轴，向外打开，变斜方向。随后重心左移，左脚踏平，弓出左腿。腰向左转带动右脚，以脚跟为轴，向内扣回，与左脚方向平行。同时，左臂逐渐向内屈回，松拳变掌，掌心侧向内。右臂随身而动，坠肘坐拳屈臂沉下。左臂对应右臂腕、肘之间，形成搬状。（图 99–1–1、图 99–1–2）

图 99–1–1

图 99–1–2

2. 重心左移，腰向左领，坐实左腿，提右腿正前落步，外侧打开，变斜方向，脚跟着地支撑。同时，两臂随腰向下往左，走弧形，俯腕搬下。随上步，左臂坐掌，环在身前左侧，提起侧立，将近与肩平。右臂内旋，握拳屈臂提起至腹前，拳背向上，拳向内扣。（图 99–2–1、图 99–2–2）

图 99–2–1

图 99–2–2

3. 重心继续前移，腰向右转至正前，右脚踏平，屈膝弓出右腿，保持支撑。带动右臂，由合转开，由下往上，走弧形，翻腕搬出。左手坐掌，坠肘屈臂，由开转合相随，带在身前。目视前方。（图 99-3-1、图 99-3-2）

图 99-3-1

图 99-3-2

4. 重心前移，坐实右腿，转腰向右，带动提左腿，正前上步，脚跟着地支撑。同时，右臂坠肘，屈臂挎回右拳至右胯旁，拳心向上。左臂坐掌侧立，顺势推出。目视出掌方向。（图 99-4）

图 99-4

5. 重心前移，腰向左转至正前，带动左脚踏平，弓出左腿，完成弓步。同时，右臂随腰内旋，屈臂，由后向前，直线击出，拳面向前。左臂坐掌侧立，坠肘屈回相拦，呼应于右臂腕、肘之间，左臂略高。落胯，身法略带前倾。目视出拳方向。（图 99–5–1、图 99–5–2）

图 99–5–1

图 99–5–2

一百、如封似闭

1. 寓前意，重心不动，腰向左领。同时，带动两臂身前相合。右臂外旋，松拳变掌直伸臂形，向中线合回，掌心向上。左臂外旋，屈臂沉下，合在右臂下方，掌心向上。（图 100-1-1、图 100-1-2）

图 100-1-1

图 100-1-2

2. 重心后移，腰向右转，右腿坐实，保持支撑。同时，两臂沿身前中线，两侧屈臂打开，掌心侧向内。右臂坠肘，经左臂腕、肘之间，屈臂收回。左臂坠肘屈回。右手对应左臂腕、肘之间。目视前方。（图 100–2）

图 100–2

3. 转正腰身，重心略沉。同时，左臂内旋收于身前坐掌。右臂内旋提起，收在身前坐掌。两掌心向前，与肩平行对应。（图 100-3-1、图 100-3-2）

图 100-3-1

图 100-3-2

4. 重心前移，催动腰身向前推进，弓出左腿，完成弓步。两臂同时伸开，直线向前推出。落胯，身略前倾。目视出掌方向。（图 100-4-1、图 100-4-2）

图 100-4-1

图 100-4-2

一百零一、十字手

1. 重心后移，两臂坠肘内旋略屈，呈弧形。腰身向右转，带动左脚，以脚跟为轴，向内扣回至正前。同时，带动右臂坐掌，随腰，身前打开，寓上意。左臂随身而动，保持坐掌。两臂身前两侧打开。（图 101–1）

2. 重心左移，坐实左腿，右脚以脚掌顺势摆顺。两臂内旋，掌心向后，身前掤臂，走立圆下弧，逐渐相合。（图 101–2）

图 101–1

图 101–2

3. 随腰向右领，收回右脚，与左脚平行，落为马步形，大致与肩同宽。两臂在身前，下方中线相合，两腕相搭，掌心向内，指尖朝下，左臂在外。（图 101-3）

图 101-3

4. 重心右移，两脚均衡踏实。双臂相搭外旋，由下向上掤起至胸前，腕部相搭，掌形直伸，掌心侧向内，右臂在外。目视前方。（图 101-4、图 101-5）

图 101-4

图 101-5

一百零二、收势

逐渐站立起来，外旋分开两臂至与肩同宽，掌心向上。然后内旋转掌心朝下，逐渐沉下，坠肘坐掌，按在两胯前。掌心向下，指尖朝前。目视前方。（图 102-1、图 102-2、图 102-3）

图 102-1

图 102-2

图 102-3

一百零三、还原

略停顿，松两臂，外旋垂下两掌，收于身侧，掌心向内，保持掌形，目视前方。（图 103）

图 103

后记

杨斌、杨雅娴商讨书稿

国风火起来了，太极拳也是。年轻一代在新媒体平台上将太极拳展现出了绝佳的视觉效果。雷雨天，乌云滚滚，背后是万丈激流落下，拍打砂岩，眼前是风华少年出拳，拳震南天。大家都在说太极拳太酷了。

这本书是我父亲杨斌的心血之作，写作背景是一个寒风凛冽的冬天，街道四下空空，偶尔徘徊着一两个人，一名是保安，一名是安保。清晨，酒店的固话响铃，我们一家三口按时下楼，出门右转，排好队。队列的尽头是两名大白，采样结束即可获得限量版贴纸，有效期 24 小时。随后各回各房，父亲主攻写书，我主攻写毕业论文，母亲主攻各项联络工作，中午再聚首。

记得午餐是酒店的胡萝卜炖牛肉，说是胡萝卜，咬开是白萝卜。我们本意是决定换个地方工作，结果暂时困在了山东，秉承着不给国家添麻烦的原则，并没有选择返家。因此父亲在狭小的房间里边练拳边写作，桌上放着茉莉花茶，他说能提神醒脑，他从不敷衍每一位杨拳爱好者。而山东的厨子也是讲究人，食材匮乏的时期，他宁可把白萝卜做成胡萝卜的样子，也未曾敷衍我们。很感念昌盛的祖国，感念山东人民。

写这篇后记的本意是想论证一下太极拳真是我们中华民族很酷的一项武术文化。但思绪乱飘，飘到儿时小区里的老旧操场，夏季全是盛放的丁香花。那时候父亲跟我就五六年的交情，可能是不太熟的缘故，他总是不苟言笑，我是他的第一位爱徒，那个操场是我的启蒙地。说实话那时候我并不觉得练拳是件酷事，觉得真是件苦事 ......

可我觉得父亲很酷，虽然他骑自行车把我凉鞋卷进去了还站起来蹬，但是家里的各样东西，没有他修不好的，甚至也能修凉鞋。他教拳时冷漠地看着我腿抖落泪，但每每提起我时眼中有藏不住的骄傲。他是我太爷爷杨振铎先师的弟子，也是随叫随到的孙子。他一路走来用了几十年，开馆、搬家、开馆、搬家……靠一身拳艺让家庭过得越来越好，也让很多人受益于杨氏太极拳。我认为的苦事，他总说是幸事。我是他唯一的孩子，但我提出想去上海闯荡，他毫不犹豫地支持，更加努力地教拳，只是偶尔视频通话时，扭捏地说句想我。

写这本书时他会经常叫我去他房间，不是教育，是讨论，我们一起找到了更合适的措辞。他说这本书的序就沿用太爷爷写的，那后记就让我来写，他说它的作用是承前启后。我不禁会想，我是不是终有一天也会站在他今日的位置，将他的心血承接给后人。代代如此，则永不断裂呢。

我2020年写过一篇悼念太爷爷的文章，其中一段："人簇拥，不带麦，声洪亮，人群听着如雷贯耳的口号练着双峰贯耳……"是回忆太爷爷数十年在迎泽公园藏经阁前教学的场景，教到后来他教不动了。父亲曾携我在台上领练，台下基本是爷爷奶奶辈的人了。晨练完还要回去带孙子。我父亲当时就有个心愿，希望能有更多年轻人加入，新鲜的血液和充沛的体力才能让杨家拳真正地发扬光大。他不遗余力地为之努力了很久，久到他也不再年轻，久到彻底打动了我，也真的迎来了年轻一代的认可。前两天我给母亲打过一通电话，拜托她转达给父亲。

转达的内容其实挺简单的，就是我想告诉他，我不再觉得传拳是一件苦事，我觉得是幸事。

家祖杨禄禅在京师旗营名震朝野，世称无敌，当年挥出的一拳直接挥了六代，百年后余威犹在。于是无数个平凡瞬间，海晏河清，背后是民族自信之光闪耀，眼前是杨氏子孙出拳，誓让杨氏太极拳毕其使命。父亲赐我一柄剑叫传承，母亲附赠我一枚玉佩叫勇气。这下好了，少年佩剑，剑指长空。

敬历代传承人，伟大的中华民族万万岁。

谨书起予，问读者安，览文至此，本书完结。

杨雅娴

2024 年 8 月 28 日 星期三

杨斌先生传承弟子

嫡传人

杨雅娴

入室弟子

【郭连生】赐名杨雅通
【杨大坤】赐名杨雅坤
【高海鱼】赐名杨雅安
【茹梅菊】赐名杨雅清
【白文生】赐名杨雅松
【盛绍杰】赐名杨雅同
【杨　军】赐名杨雅宽
【郝书平】赐名杨雅平
【任满喜】赐名杨雅乐
【师国陶】赐名杨雅聪
【王文国】赐名杨雅宗
【霍丽君】赐名杨雅慈
【刘增辉】赐名杨雅一
【叶嫣嫣】赐名杨雅秋
【卢武生】赐名杨雅恒
【李同立】赐名杨雅闳
【邢建民】赐名杨雅御
【常争峰】赐名杨雅道
【蒋敏洁】赐名杨雅窈
【高梅素】赐名杨雅音
【陈　军】赐名杨雅非

入门弟子

【杨滟之】赐名杨雅恬
【李克凝】赐名杨雅溪
【药东花】赐名杨雅涣
【温丽华】赐名杨雅祥
【葛春荣】赐名杨雅志
【郭　艳】赐名杨雅素

【罗静萍】赐名杨雅容　　【崔　杰】赐名杨雅和
【张　兰】赐名杨雅柔　　【刘建平】赐名杨雅灵
【王永红】赐名杨雅涤　　【宋建中】赐名杨雅真
【杜艳芳】赐名杨雅静　　【王　慧】赐名杨雅勤
【刘笑州】赐名杨雅直　　【王予莲】赐名杨雅盈
【柴丽平】赐名杨雅芸　　【武海霞】赐名杨雅湛
【崔广波】赐名杨雅空　　【阴继祥】赐名杨雅明
【刘津立】赐名杨雅无　　【何美诚】赐名杨雅均
【冯艳菊】赐名杨雅心　　【李　涛】赐名杨雅中
【侯丽英】赐名杨雅渊　　【姚丹蕊】赐名杨雅玄
【胡伟雄】赐名杨雅博　　【任建福】赐名杨雅敦
【刘秀梅】赐名杨雅善　　【张佩林】赐名杨雅知
【李志琴】赐名杨雅谦　　【龚红鹏】赐名杨雅德
【解东林】赐名杨雅诚　　【贾占界】赐名杨雅盛
【赵爱社】赐名杨雅理　　【谢程良】赐名杨雅常
【李大伟】赐名杨雅定　　【苏　琴】赐名杨雅冰
【郑鹏飞】赐名杨雅驹　　【王　智】赐名杨雅章
【刘怀亚】赐名杨雅怀　　【贾维金】赐名杨雅星
【古　炜】赐名杨雅泽　　【樊　磊】赐名杨雅资
【张银叶】赐名杨雅忻　　【张晨光】赐名杨雅麟
【李金水】赐名杨雅汜　　【白海忠】赐名杨雅丹
【王慧芳】赐名杨雅青　　【张金喜】赐名杨雅尘
【李清亮】赐名杨雅智　　【王文光】赐名杨雅云